억대 연봉 글로벌 인재들의

예의 바른 비즈니스 영어

이메일&채팅

억대 연봉 글로벌 인재들의
예의 바른 비즈니스 영어 이메일&채팅

초판 1쇄 발행 2023년 1월 20일
초판 2쇄 발행 2023년 4월 5일

지은이 Yoshitaka Matsuura
옮긴이 정은희
펴낸이 고정호
펴낸곳 베이직북스
주소 서울시 금천구 가산디지털1로 16, SK V1 AP타워 1221호
전화 02) 2678-0455
팩스 02) 2678-0454
이메일 basicbooks1@hanmail.net
홈페이지 www.basicbooks.co.kr
블로그 blog.naver.com/basicbooks_marketing
인스타그램 www.instagram.com/basicbooks_kidsfriends/
출판등록 제 2021-000087호
ISBN 979-11-6340-062-2   13740

* 가격은 뒤표지에 있습니다.
* 잘못된 책이나 파본은 구입처에서 교환하여 드립니다.

Yoshitaka Matsuura 지음
정은희 옮김

억대 연봉 글로벌 인재들의
예의 바른 비즈니스 영어
이메일&채팅

1000 English Phrases for Business Emails and Chats

PREFACE

"영어 메일을 쓸 일이 점점 늘어나는데, 어떻게 써야 하는지 배울 기회가 전혀 없어요."
"영어로 메일 하나 쓰려면 인터넷 검색하고 사전 찾아보느라 몇 시간이 훌쩍 지나가 버려요."
"비즈니스 관련 영어 메일을 쓸 때 참고할 만한 책이 없어요."
이런 하소연을 하는 사람들이 저희 주변에 상당히 많습니다. 이 책은 글로벌 비즈니스 현장에서 영어 메일 때문에 고민하는 모든 기업가 및 직장인들을 위해 실제로 많이 쓰이는 표현을 담아 업무에 바로 활용할 수 있도록 하였습니다.

이 책은 이런 분들께 추천합니다

• 가끔 영어 메일을 쓰지만, 아직 자신이 없는 사람
• 급하게 영어 메일을 써야 하는 경우가 늘어 곤란한 사람
• 번역기 도움 없이 영어 메일을 자유롭게 쓰고 싶은 사람

- 이직이나 주재원 발령으로 갑자기 영어 메일을 쓸 일이 많아진 사람
- 영어를 쓰는 직종으로 이직하고 싶은 사람
- 좀더 세련된 영어 메일을 구사하고 싶은 사람
- 취직 전에 영어 메일 쓰는 법을 익히고 싶은 취업 준비생이나 학생

서점에 나가보면 영어 메일과 관련된 책을 쉽게 찾아볼 수 있지만 영어 메일을 다룬 도서 중 대부분은 무역이나 물류업계를 바탕으로 쓰여 있습니다. 아마도 그 이유는 지금까지 우리 경제에서 해외 비즈니스가 그 분야를 중심으로 발전했기 때문이 아닐까 생각합니다. 과거에는 영문 메일(정확히 말하자면 영문레터나 FAX)의 필요성이 미국이나 유럽 등과의 무역 및 물류업계와 제조업계를 중심으로 요구되었습니다. 하지만 지금은 무역·물류 이외의 업계도 국제화가 이루어져 다양한 직종에서 영어 구사 능력이 요구됩니다.

영어 메일의 필요성이
변하고 있다

	과거	현재
업계	무역·물류 중심	다양한 업계
영역	견적·발주 등 판매 거래 중심	세일즈, 마케팅, 채용 등 전방위
주고받는 대상	해외 무역 담당자	모든 직원과 고객

마찬가지로 영어 메일이 필요한 영역도 확대되고 있습니다. 과거에는 무역 및 물류 등 일부 업종을 중심으로 필요했지만, 지금은 다양한 업계의 사람들이 영어 메일을 쓰는 경우가 늘고 있습니다. 세일즈 분야뿐만 아니라 마케팅, 디지털, 채용, 사원 교육 등 여러 영역의 사람들이 영어 메일을 쓰고 있습니다.

따라서 영어 메일을 주고받는 대상도 해외의 무역 담당자뿐만 아니라 국내에 있는 외국계 회사의 디지털 담당자일 수도 있고, **M&A**에 의해 같은 그룹으로 합병된 다국적기업의 사원이 될 수도 있습니다. 과거와 비교해 영어 메일이 쓰이는 영역이 넓어졌음을 이해하실 수 있으리라 생각합니다.

이 책의 주안점

먼저 현대 사회의 여러 비즈니스 분야에서 일어날 수 있는 실제 상황을 바탕으로 활용도 높은 예문을 싣고자 노력했습니다. 80개의 메일 예문과 20개의 채팅·메신저 예문, 그리고 바꿔 쓸 수 있는 약 500개의 문장을 소개하고 있습니다. 많은 예문을 익혀두면 상황에 맞게 적절히 선택하여 활용할 수 있으니 실전에 써보고 싶은 표현이 있다면 꼭 기억해두시기를 바랍니다.

활용도가 높거나 중요한 표현은 색을 다르게 표시했습니다. 특히 현장에서 쓸 수 있는 실용적인 표현을 선별했습니다.

실제 비즈니스 상황에서는 메일뿐만 아니라 전화나 채팅·메신저 등을 통해서도 연락을 주고받습니다. 그런 현실에 대한 이해를 돕기 위해 채팅·메신저 예문도 준비했습니다. 최근에는 스마트폰을 활용한 연락이 상당히 늘고 있으니 꼭 참고하시기를 바랍니다.

- 현대 사회의 글로벌 비즈니스 현장에서 활용하기 좋은 예문을 실었습니다.
- 적절하게 선별하여 활용할 수 있도록 바꿔 쓸 수 있는 표현도 함께 소개합니다.
- 중요한 표현은 색과 글씨체를 다르게 표시했습니다.
- 원어민이 쓰는 표현도 학습할 수 있습니다.
- 채팅ㆍ메신저 등 현대적인 소통 수단에서 쓰는 표현도 함께 소개합니다.
- 지나치게 어려운 영단어나 구문은 가능한 한 배제했습니다.
- 비즈니스 현장에서 참고할 만한 유용한 팁도 얻을 수 있습니다.

- 쓰고 싶은 메일이 있으면 예문을 **그대로 활용할 수 있습니다.**
- 비슷한 문장이 필요할 때 예문의 **일부를 참고할 수 있습니다.**
- 바꿔 쓸 수 있는 표현을 익혀 **적절한 표현을 선별해 활용할 수 있습니다.**
- 다양한 예시 메일을 읽으며 **비즈니스 현장에 대한 이해를 높일 수 있습니다.**
- 비즈니스 현장에서 쓰는 **영단어나 구문 등을 익힐 수 있습니다.**

제목으로 알 수 있듯이 이 책은 비즈니스 영어 메일과 관련된 도서입니다. 하지만 읽는 사람에 따라 목적과 활용법은 다를 수 있으며, 각자의 사정에 맞게 활용하면 좋겠습니다.

저자에 관하여

늦었지만 저자에 대해 소개를 하겠습니다. 필자는 매일 영어를 쓰면서 일하는 외국계 회사에서 근무하고 있습니다. 어린 시절을 미국에서 보낸 경험이 있으며, 미국의 대학원에서 공부했습니다. 상하이에서 7년간 주재원으로 근무했으며, 지금까지 많은 외국인과 함께 일해 왔습니다. 그런 경험을 바탕으로 실제 현장에서 쓰는 영어 메일을 모으고 정리하여 지금까지 공부해 온 모든 것을 이 책에 담았습니다. 비즈니스 영어 메일에 관해 모든 독자가 자신감을 가진 '라이터(writer)'가 되기를 바라는 마음에서 이 책을 썼습니다.

독자 여러분의 활동 분야에서 멋진 경력을 쌓는 데 이 책이 조금이나마 도움을 줄 수 있다면, 저자로서 큰 보람을 느낄 것입니다.

마쓰우라 요시타카

CONTENTS

PART 2 비즈니스 영어 이메일 80

PART 3 비즈니스 영어 채팅 20

이 책의 구성

> PART 2 이메일

우리말과 영어 대조
우리말과 영어를 대조하면
서 표현을 익힙니다. 중요
한 표현은 색을 다르게 표
시했습니다.

주제별 상황
어떤 상황에서 쓰는 메일
인지 알 수 있습니다.

유의점
상황에 따라 메일을 작성
할 때 유의할 점을 설명합
니다.

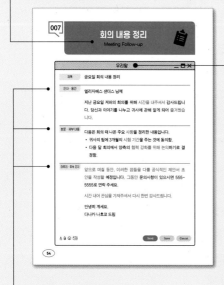

인사·본문·마무리 구분
비즈니스 메일을 세 파트로 나눠
예시 메일을 소개합니다.

어휘 확인
어려운 어휘의 뜻을 확인
할 수 있습니다.

메일 제목
메일 제목은 매우 중요한
부분이므로, 예시 메일을
보기 전에 꼭 살펴보세요.

> PART 2&3 바꿔 쓸 수 있는 표현(각 챕터)

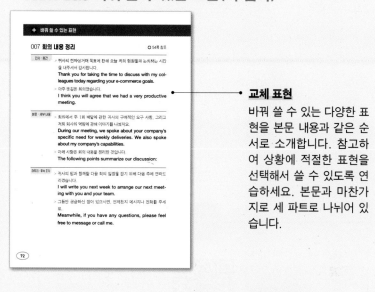

교체 표현

바꿔 쓸 수 있는 다양한 표현을 본문 내용과 같은 순서로 소개합니다. 참고하여 상황에 적절한 표현을 선택해서 쓸 수 있도록 연습하세요. 본문과 마찬가지로 세 파트로 나뉘어 있습니다.

> PART 3 채팅

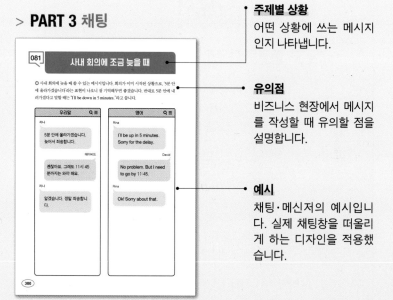

주제별 상황

어떤 상황에 쓰는 메시지인지 나타냅니다.

유의점

비즈니스 현장에서 메시지를 작성할 때 유의할 점을 설명합니다.

예시

채팅·메신저의 예시입니다. 실제 채팅창을 떠올리게 하는 디자인을 적용했습니다.

• 짧은 예문이지만, 가능한 한 메일과 동일한 흐름(인사 → 본문 → 후속 조치)을 생각하면서 썼다는 점에 주목하면서 학습하세요. 간단히 답장을 쓸 때도 참고할 수 있습니다.

템플릿 다운로드에 관하여

이 책에 나오는
이메일 · 채팅 영어 예시문과 바꿔 쓸 수 있는 표현은
모두 아래의 링크나 큐알 코드를 통해 다운로드할 수 있습니다.

다운로드 링크
https://vo.la/6ePsFn

압축 해제를 위해서는
알집 어플이나 프로그램을 다운로드받으셔야 합니다.
(압축 해제 비밀번호: b39s27)

다양한 영어 표현을 상황에 맞게 활용해 보세요!

PART 1

비즈니스

영어

이메일·채팅의

중요 포인트

비즈니스 이메일

> ### 비즈니스 이메일에서 가장 중요한 점

전 세계의 사람들이 하루에 주고받는 메일은 총 1,200~2,700억 통이라고 합니다. 또 사람들이 비즈니스 메일과 관련된 업무에 할애하는 시간은 1인당 주 11~13시간이라고 합니다. 하지만 메일을 쓸 때 가장 신경 써야 하는 점은 무엇인지 모르는 채로 이용하고 있는 사람이 상당히 많습니다.

메일을 쓰는 기술이나 사용해야 할 단어 및 구문, 스타일보다 더 중요한 점이 있습니다. 비즈니스 메일에서 가장 중요한 건 **메일을 쓰는 목적을 명확히 밝혀 그 목적을 달성하는 것**입니다. 그 목적은 판매량을 늘리기 위함일 수도 있고, 구매 의향을 고취하기 위함일 수도 있습니다. 혹은 비즈니스 파트너와의 관계 구축, 부하 직원의 동기 자극, 우수한 인재 관리를 위해 쓸 수도 있습니다. 원칙적으로 **목적 없이 쓴 비즈니스 메일은 없습니다.** 당연하게 들릴 수도 있지만, 이 기본적인 요건조차 충족하지 못하는 메일도 많습니다. '요즘 어떻게 지내세요?'라는 문장에도 쓰는 사람의 의도가 숨겨져 있습니다. 영어 메일을 쓰기 전에 먼저 목적이 무엇인지 생각해야 합니다. 기본적인 사항이지만, 비즈니스 현장에서는 매우 중요하므로 서두에 언급하는 것이 좋습니다.

> 받는 사람의 기분을 고려한다

다음으로 중요한 점은 **메일을 받는 상대방의 기분을 깊이 고려해야 한다**는 사실입니다. 메일의 수신자가 지금 어떤 상황에 있는지, 어떤 기분일지, 어떤 생각을 하고 있을지 상대방에 관한 정보를 수집하고, 정보가 없으면 상상을 통해서라도 그 사람의 기분을 생각하면서 써야 합니다. 대화에도 화자와 청자가 있는 것처럼 메일에도 반드시 송신자와 수신자가 있습니다. 자신이 쓴 메일을 읽고 난 후 상대방이 어떤 감정을 느끼고 어떤 생각을 하며 행동할지, **태도나 행동 변화까지 생각하면서 메일을 완성하세요.**

비즈니스 영어 이메일의 기본 원칙과 스타일

지금까지 겪어온 글로벌 비즈니스 경험에 비추어볼 때, 비즈니스 영어 이메일을 쓸 때는 세 가지 기본 원칙과 스타일이 있습니다. 기본 원칙은 어떤 이메일을 쓰든 공통적으로 가져야 할 사고방식입니다. 기본 스타일은 메일을 쓸 때 신경 써야 할 구체적인 포인트라고 할 수 있습니다. 각각에 대해 자세히 알아볼까요?

비즈니스 영어 이메일의
기본 원칙

> 원칙 ① 간결하고 명료하게(Clear and Precise)

비즈니스 이메일은 무엇보다 짧고 간결하며 이해하기 쉬워야 합니다. 앞에서 말한 바와 같이 메일의 수신자는 바쁜 일과 중에 수많은 메일을 받습니다. 그런데 길고 이해하기 어려운 메일을 받는다면 어떤 기분이 들까요? 때에 따라서는 메일을 끝까지 읽지 않을 수도 있습니다. 그러니 메일을 쓸 때는 짧고 간결하게 써야 합니다.

'정중하게 보이기 위해서는 어느 정도 길게 써야 한다', '격식 있는 문장을 쓰고 싶다'라고 생각하는 사람도 있겠지만, 비즈니스 현장에서는 목적을 달성하는 것이 가장 중요합니다. 그러기 위해서는 메일 길이에 신경 쓸 것이 아니라 간결하고 효율적인 메일로 목적을 달성하는 것에 집중해야 합니다.

뒤에서 언급할 세 가지 스타일에서도 설명하겠지만, 서두에 어떤 목적으로 메일을 보내는지 밝히는 것이 좋습니다. 아무리 복잡한 안건이라도 무엇에 관한 메일인지 서두에 분명하게 밝힌다면, 상대방도 용건을 파악하기가 훨씬 수월할 것입니다.

"I am writing to you regarding…"

이런 문장을 활용하여 메일의 목적을 명확하게 전달하세요.
내용을 간결하고 명료하게 쓰는 것이 첫 번째 원칙입니다.

> 원칙 ② 긍정적인 어조로(Positive Tone)

비즈니스 이메일에서는 긍정적인 어조 역시 중요합니다. '긍정적'이라는 말은 발전적·적극적·건설적이라는 의미와 상통합니다. 영어라는 언어가 가진 문화와 관계있을지도 모르지만, 문장 전체를 긍정적인 분위기로 쓰는 것이 꽤 중요합니다.

또 다른 이유는 문자를 기반으로 하는 메일의 특성에 있습니다. 어느 조사에 따르면, 커뮤니케이션의 93퍼센트는 비언어적 영역에서 이루어진다고 합니다. 사람들은 대화를 할 때, 몸짓이나 표정, 보디랭귀지 등을 종합적으로 관찰하며 상대방의 뉘앙스를 섬세하게 확인합니다. 그에 비해 **메일은 보디랭귀지도 없으며 문자 정보에만 의지해야 합니다. 그러니 당연히 오해가 생기기도 쉽습니다.** 메일의 이런 한계점은 우리말로 쓸 때도 느낄 수 있습니다. 만나서 이야기를 나눠보면 대화가 잘 통하지만, 메일을 주고받을 때는 껄끄럽게 느껴지는 사람이 있습니다. 대화와 달리 메일로는 뉘앙스까지 세세하게 전달하기 어려우니 그런 차이가 생길 수 있습니다.

그래서 메일은 긍정적인 어조로 써야 합니다. 그러기 위해서는 어떻게 해야 할까요? 우선 **감사하다는 말을 자주 하는 것이 좋습니다.** '답변해 주셔서 감사합니다.(Thank you for your reply.)', '확인해 주셔서 감사합니다.(Thank you for your confirmation.)' 등 상황에 맞게 감사하다는 말을 적절히 사용하면, 메일의 전체적인 분위기가 긍정적으로 느껴집니다. 나아가 메일을 보내는 개인의 인상도 좋아질 수 있습니다.

하지만 일을 하다 보면 어쩔 수 없이 부정적인 이야기를 해야 할 때도 있습니다. 그럴 때는 어떻게 해야 할까요? 중립적이거나 긍정적인 정보를 먼저 전하는 것입니다. 그러고 나서 본인에게 닥친 문제점이나 만족스럽지 못한 점 등 부정적인 이야기를 꺼냅니다. 어쩌다 상황이 그렇게 되었는지에 관한 이유와 개선점도 함께 언급하면 더 좋습니다. 마지막

에는 문제에 대한 해결책을 제시하는 등 다시 긍정적인 분위기로 글을 마무리합니다. **부정적인 정보의 앞뒤에 긍정적인 메시지를 배치하는 이른바 '샌드위치 방법'입니다.** 효과적인 피드백을 제공할 때도 쓰는 방법입니다. 문제점 혹은 부정적인 정보를 필요 이상으로 축소하지 않으면서도 상대방에게 긍정적인 인상을 남길 수 있습니다. 그러면 상대방은 여러분이 타인의 감정을 헤아릴 줄 알고, 문제 해결을 위해 적극적으로 노력하는 사람이라고 생각할 것입니다. 이처럼 부정적인 정보도 긍정적인 분위기로 전달하려는 자세가 필요합니다.

> ### 원칙 ③ 전문성이 드러나게(Be Professional)

마지막 원칙은 전문성을 보여야 한다는 점입니다. 영어에서 말하는 전문가, 즉 프로페셔널은 '(지적) 직업의, 직업상의, 전문직의, 전문직에 적합한'이라는 뜻입니다. **비즈니스 메일은 너무 편해 스스럼없이 느껴지는 구어체가 아닌 성숙한 사회인의 예의를 갖춘 언어로 써야 합니다.** 아주 친밀한 사이인 경우를 제외하고는 이모티콘도 너무 많이 사용하지 않는 편이 좋습니다. 또 비속어나 욕설은 어떤 상황에서도 쓰면 안 됩니다.

다시 말해 비즈니스 이메일에도 매너가 필요합니다. 일반적인 대화와 마찬가지로 **매너는 상대방과의 관계에 따라 달라집니다.** 함께 일하는 친한 동료에게는 친근한 말투를 써도 되지만, 상대적으로 친밀성이 적은 고객에게는 가능한 한 격식 있는 말투를 씁니다. 같은 내용이라도 상대방과의 관계에 따라 다음과 같이 표현을 구분해서 씁니다.

- **~해주실 수 있나요?**
  비격식적 표현 : Can you ~?
  격식적 표현   : I was wondering if you could ~

- **그날은 만나기 힘들 것 같습니다.**

  비격식적 표현 : Sorry, that day doesn't work.

  I have another meeting.

  격식적 표현 　: I'm afraid I will not be available that day.

이처럼 말투와 표현에도 주의를 기울여야 하지만, 그 외에 **내용에 관해서도 전문성을 의식해야 합니다.** 푸념이나 업무와 관계없는 이야기는 피하고, 업무상의 목적을 분명하게 밝힌 뒤 그와 관계있는 내용을 명확하게 전달해야 전문성이 돋보일 것입니다.

비즈니스 영어 이메일의 기본 원칙
원칙 ① 간결하고 명확하게(Clear and Precise)
원칙 ② 긍정적인 어조로(Positive Tone)
원칙 ③ 전문성이 드러나게(Be Professional)

비즈니스 영어 이메일의 기본 스타일

기본 스타일은 메일을 쓸 때 알아둬야 할 구체적인 핵심 포인트입니다. 마음가짐이라기보다 구체적인 양식이나 방법을 말합니다.

> 기본 스타일 ① 제목을 중요하게 생각한다

가볍게 생각하기 쉽지만, 효과적인 제목을 붙이는 데 신경 써야 합니다. 전세계의 직장인들은 하루에 평균 80~120통의 메일을 받는다고 합니다. 그중에는 아예 읽히지도 않고 묻히는 메일도 있습니다. **제목은 메일을 열지 않고도 볼 수 있는 첫 문장**입니다. 메일의 첫인상을 좌우하는 제목은 우리의 생각

보다 훨씬 더 중요한 역할을 합니다.

따라서 메일을 쓸 때는 제목부터 쓰시기를 추천합니다. 뒤로 미루면 제목 쓰기를 잊어버릴 위험도 있습니다. **메일로 부탁하거나 알리고 싶은 요점이 제목에 잘 드러나도록 쓰세요.**

그리고 **길이는 짧게 쓰는 것이 좋습니다.** 제목이 너무 길면 문장의 뒷부분이 누락되어 보이지 않습니다. 최근에는 스마트폰으로 메일을 확인하는 사람이 늘고 있습니다. 스마트폰에서 표시되는 제목의 글자 수는 20~30자 정도라고 합니다. 스마트폰에서도 제대로 확인할 수 있도록 짧게 쓰는 것이 좋습니다.

중요한 내용은 제목의 앞부분에 쓰세요. 또 모호한 표현은 피하고 최대한 구체적으로 써야 합니다. 예를 들어 메일을 읽고 난 뒤 상대방이 적절한 대응을 해주기를 기대한다면, 마감 기한까지 명확하게 쓰면 좋습니다. 그러면 제목만 봐도 무엇을 언제까지 해야 할지 알 수 있을 것입니다.

- **제목의 예시**

  모호한 제목 : Do you have time? (시간 있으신가요?)

  구체적인 제목 : Please reply by EOD Friday.
  (금요일 업무 시간까지 답장을 주세요.)

마지막으로 제목이든 본문이든 마찬가지겠지만, **문장 전체를 대문자로 쓰는 건 피하세요.** 대문자로 쓰면 눈에 잘 띈다는 이점도 있지만, 디지털 세계에서 문장 전체를 대문자로 쓰면 소리치는 것 같은 느낌이 들어 불필요한 오해를 낳을 수도 있습니다. 그러니 대문자를 너무 많이 쓰는 것은 좋지 않습니다.

> 기본 스타일 ② 상대방이 읽기 쉽게 쓴다

앞에서도 말했듯이 우리는 메일을 읽고 쓰는 데 일주일에 11~13시간을 할 애합니다. 전체 노동시간의 28퍼센트에 해당하는 시간입니다. 그만큼의 시 간을 메일 업무에 쏟는다는 건 놀라운 사실입니다. 그러므로 **효과적인 비즈 니스 이메일은 간결하고 읽기 쉽게 써 상대방의 소중한 시간을 낭비하지 않게 해야 합니다.** 적당히 단락을 구분하거나 항목별로 요약해서 정리하는 등 어떻 게 써야 상대방이 이해하기 쉬울지 고민해 보세요.

하나의 메일에서 여러 안건을 다루지 않도록 주의해야 합니다. 원칙적으로 메 일 하나에는 한 가지 주제에 관해 씁니다. 다른 주제도 언급해야 할 때는 별 도의 메일에 따로 쓰는 것이 읽는 사람의 혼란을 줄여주는 방법입니다. 그 러면 추후 메일의 답장을 주고받을 때도 편합니다.

> 기본 스타일 ③ 메일 처음과 마지막에 반드시 인사를 넣는다

비즈니스 영어 이메일은 어디까지나 수신자와의 커뮤니케이션 방법 중 하 나임을 명심하기를 바랍니다. **실제로 직접 만나는 느낌을 줄 수 있게 쓰는 것 이 가장 이상적**입니다. 그러므로 **메일 처음과 마지막에 꼭 인사말(Greeting) 을 넣어야 합니다.**

첫인사

먼저 메일 서두에 하는 인사부터 살펴볼까요? 영어에 익숙하지 않은 사람 들은 정중한 표현을 써야 한다는 생각 때문에 "Dear ~"만 반복해서 쓰는 경우가 많습니다. 하지만 **메일의 첫인사는 상황에 따라 적절하게 구분하여 쓰 면 좋습니다.** 정부 기관이나 잘 알지 못하는 사람에게 공식적인 메일을 보낼 때는 "Dear ~"가 적절하지만, 오랫동안 알고 지내는 친근한 사람이나 함께 일하는 편한 동료에게는 "Hi, John."과 같은 표현을 써도 상관없습니다. 실 제로 제가 다니는 직장에서 가장 많이 쓰는 인사는 "Hi, ○○"입니다. 메일 의 첫인사로 쓸 수 있는 인사말을 정리해뒀으니 참고하시면 좋겠습니다. 위

쪽에 소개되는 표현이 조금 더 격식 있는 표현입니다.

- **메일 서두에 쓰는 인사의 예시**
  Dear Ms. Sara Brown,
  Dear Ms. Brown,
  Dear Sara,
  Good morning,
  Good afternoon,
  Hello Sara,
  Hi Ms. Brown,
  Hi Sara,

- **상대방의 이름을 모를 때 쓸 수 있는 인사**
  To whom it may concern,
  Dear Sir/Madam,

끝인사

비즈니스 이메일은 마지막에도 끝인사가 반드시 필요합니다. 끝인사 역시 서두에 쓰는 인사와 마찬가지로 **메일을 보내는 사람과 받는 사람과의 관계에 따라 달라집니다.** 아주 가까운 사람에게는 일상적인 인사도 좋지만, 별로 친하지 않은 사이에는 격식을 갖추는 것이 좋습니다. 격식의 정도나 쓰는 방법에는 약간씩 차이가 있으므로, 다음 표현들을 참고하세요.

- **자주 사용하는 격식 있는 표현**
  Sincerely yours, (격식을 엄격히 차려야 할 때 쓴다.)
  Yours sincerely, (영국에서 많이 쓴다.)
  Yours faithfully, (영국에서, 만난 적 없는 상대에게 쓴다.)
  Kind regards, (격식 있는 표현으로 자주 쓴다.)
  Best regards, (격식 있는 표현으로 자주 쓴다.)

- **상황에 따라 쓸 수 있는 표현**(다소 편한 사이에 쓴다.)

  With appreciation,

  With gratitude,

  Warm regards,

  All the best,

  Take care,

  Best wishes,

  Warm wishes,

  Kind wishes,

  Best,

  Thank you,

- **친한 사이에 쓸 수 있는 표현**

  Cheers,

  Thanks,

  Many thanks,

  Warmly,

  Yours,

  See you around,

- **일반적으로 비즈니스 이메일에는 부적절한 표현**

  Lots of Love,

  With Love,

  Love,

  XOXO,

  Hugs,

위에서 알 수 있듯이 끝인사도 다양합니다. 어떤 표현을 써야 하는지에 관해서는 명쾌한 해답이 없으므로, 참고만 하시면 됩니다. 개인적으로는 사내·사외에 관계없이 "Kind regards,"나 "Best regards,"를 주로 쓰고, 정중한 표현을 써야 하는 상대에게는 "Sincerely yours,"를 씁니다. 인사에 대한 자신만의 기준을 정해놓으면 쓰기 편하니 위 표현들을 참고해서 여러분만의 기준을 만들어보면 어떨까요?

• 오탈자가 없도록 반드시 교정 과정을 거친다

메일을 보내기 전에 마지막 단계에서 반드시 교정 과정을 거쳐야 합니다. 첫인사부터 마지막까지 꼼꼼히 살펴보세요. 메일에 오탈자나 문법적 오류가 많으면, 상대방도 혼란스러워합니다.

메일 초고가 완성되면, 오탈자가 없는지 철자를 확인해야 합니다. 아웃룩(Outlook) 등에서는 스펠링 체크 기능이 있으니, 표시가 생기면 그 부분에 문제가 있는지 다시 살펴봐야 합니다. 최근에는 그래머리(Grammarly)처럼 문장을 교정해 주는 프로그램도 많이 씁니다. (https://www.grammarly.com)

문법적 오류나 오탈자뿐만 아니라 비즈니스 영어 이메일의 기본 원칙과 스타일에서 언급한 항목에도 주의하면서 전체를 한 번 더 읽어보세요. 간결하고 명료한가? 긍정적인 어조로 썼는가? 내용이 전문적인가? 제목이 내용을 효과적으로 전달하고 있는가? 본문은 상대방이 읽기 쉽게 썼는가? 처음과 마지막 인사를 잊지 않았는가? 이런 점을 유념하면서 확인한 뒤에는 자신 있게 송신 버튼을 누르시면 됩니다.

영문 비즈니스 이메일의 기본 스타일
기본 스타일 ① 제목을 중요하게 생각한다
기본 스타일 ② 상대방이 읽기 쉽게 쓴다
기본 스타일 ③ 메일의 처음과 마지막에 반드시 인사를 넣는다

비즈니스 영어 이메일의 기본 구성

비즈니스 영어 이메일을 쓸 때 필요한 기본 원칙과 스타일을 이해하고 나면, 그다음은 메일 본문에 관해 생각해 볼 차례입니다. 메일은 크게 세 파트로 나눌 수 있습니다. Part 2에서 소개되는 이메일 예시에서도 알 수 있습니다.

> 인사 · 용건

서두에 인사 및 용건을 씁니다. 메일을 무슨 목적으로 쓰는지 분명하게 밝힙니다. 상대방이 메일을 열어보게 만들기 위해서 제목이 중요하다면, 서두 부분은 메일을 끝까지 읽게 하는 데 중요한 역할을 합니다.

> 본문 · 세부 내용

이제 본문을 쓸 차례입니다. 서두에서 언급한 안건에 대해 더 상세하게 씁니다. 무엇을 할지, 언제 누가 어디서 할지 혹은 문제에 어떻게 대처해야 할지 구체적이고 상세하게 설명합니다.

> 마무리 · 후속 조치

마지막으로 메일 전체를 요약하고 다음에 해야 할 행동 즉 후속 조치에 대해 씁니다. 어떤 비즈니스 메일이든 목적이 있고, 그래서 상대방의 태도나 행동의 변화를 기대하는 경우가 많습니다. 그러므로 메일을 읽은 후 상대방이 무엇을 어떻게 해주길 바라는지 명확하게 말하는 것이 좋습니다. 이처럼 자신이 원하는 대로 상대방이 행동하도록 유도하는 것을 'Call to action(행동 환기)'이라고 합니다. 상대방이 어떤 행동을 해주기를 바라는지 잘 생각해 보세요.

내용이 짧으면 세 파트 중 일부를 합칠 수도 있습니다. 예를 들어 인사 · 용건과 본문·세부 내용을 하나로 묶거나 본문·세부 내용과 마무리·후속 조치를 합쳐서 쓸 수도 있습니다. 메일을 짧게 쓰는 것을 우선시해야 할 때는 이런 방법이 더 효과적입니다. 인사와 본문, 본문과 후속 조치 등은 상황에 따라 내용이 겹치기도 하므로, 이 세 파트를 기본 형식으로 기억하되 메일을 쓸 때는 적절하게 활용·변형하면 좋습니다.

채팅·메신저의 기본 구성

메시지는 최대한 간단하게 씁니다. Part 3에 나오는 예시의 대부분은 메일처럼 세 파트로 나뉘지 않습니다. 인사 역시 최소한으로 하고 바로 본론을 꺼냅니다.

하지만 외부 사람에게 보낼 때는 서두에 간단한 인사를 넣으면 정중한 인상을 줄 수 있습니다.

사외로 메시지를 보낼 때

- 간단한 첫인사　　→　Hello Sam,
- 간결한 본문　　　→　We have a new report that I want to share with you.
- 후속 조치　　　　→　Can I have 30 minutes by this Friday?

사외로 보내는 메시지는 짧더라도 세 파트 구성(인사 → 본문 → 후속 조치)을 생각하며 쓰기를 권합니다.

비즈니스 현장에서 이메일과 채팅을 구분해서 쓰는 법

실제 비즈니스 현장에서는 메일뿐만 아니라 전화, 메신저 등의 애플리케이션, 스마트폰의 SMS 등 다양한 수단으로 소통합니다. 채팅의 사용법에 대해 알아보기에 앞서, 이메일과 채팅을 어떻게 구분해서 쓰면 좋은지 간단히 설명하고자 합니다.

주로 답변이 얼마나 급하게 필요한지와 전달할 내용이 얼마나 복잡한지를 고려해서 결정합니다. 가령 설명할 내용이 복잡하고 시간적으로도 급하게 처리해야 하는 일이 아니라면, 메일을 보내면 좋겠지요. 하지만 빠른 판단이 필요하고 논의할 내용도 복잡하지 않다면, 채팅이 적절합니다. 실제 현장에서도 내용이 간단하고 빠른 답변이 필요할 때는 채팅이나 메신저를 이용하는 사람이 많습니다.

또 30분 이내로 답변을 받아야 하는 상황에는 전화가 가장 좋은 방법입니다. 그러니 채팅은 전화와 메일의 중간적 특성을 지닌다고 할 수 있습니다.

비즈니스 현장에서 쓰는 채팅 · 메신저

> ### 채팅의 사용법

메일과 마찬가지로 채팅 역시 비즈니스 현장에서 널리 쓰이고 있습니다. 특히 긴급한 사안에 관해서는 메일보다 더 효과적으로 쓸 수 있습니다. 채팅과 메신저는 스마트폰으로도 이용 가능하므로, 하루 안에 확인할 가능성이 높습니다. 또 일반적으로 메일만큼 많이 받지도 않으니 메시지가 묻혀 읽지 못할 확률도 낮습니다.

그럼 용도를 생각하며 정리해 볼까요? 전달 내용이 간단하고 답변이 급하게 필요할 때, 시일이 촉박한 약속을 확인하거나 지연해야 할 때, 시간적 여유가 없을 때, 간단하게 약속 일시를 확인하고 싶을 때 쓰면 좋습니다.

> ### 메시지를 보낼 때 주의할 점

먼저 너무 길게 쓰지 마세요. 메시지가 너무 길면 상대방이 읽기를 꺼릴 수도 있습니다. 일반적으로 SMS는 글자 수에 제한이 있으므로 용건을 짧게 쓰는 것이 좋습니다.

또 메시지를 보내는 시간에도 신경 써야 합니다. 밤늦게 보내는 것은 실례이므로, 가능하면 오전 8시에서 오후 6시까지 업무 시간에 보내는 것이 좋습니다. 해외로 연락할 때는 당연히 시차를 고려해야 합니다.

> ### SMS와 채팅 · 메신저의 차이

SMS(영어로는 texting 혹은 text messaging이라고 한다.)는 전화번호만 알면 보낼 수 있습니다. 스마트폰이 아니더라도 휴대전화를 가진 사람이라면 누구나 메시지를 보내고 받을 수 있습니다.

반면 메신저 등을 이용해 메시지를 보낼(messaging) 때는 송신자와 수신자 모두의 스마트폰이나 PC에 동일한 애플리케이션이 설치되어 있어야 합니다. 가령 페이스북 메신저(Facebook Messenger)로 왓츠앱(WhatsApp) 이용자에게 메시지를 보낼 수는 없습니다. 애플리케이션 중에서는 글자 수에 제한이 없는 것도 있으며, 사내에서 소통할 때는 회사가 정한 플랫폼을 PC나 스마트폰에 설치하여 이용하는 경우도 많습니다. 메신저에는 페이스북 메신저, 마이크로소프트 팀스(Microsoft Teams), 왓츠앱, 스카이프(Skype), 라인(LINE), 슬랙(Slack) 등이 있습니다.

영어 message는 채팅과 SMS 모두를 가리킵니다. 물론 '메시지를 보내다'라는 동사의 의미도 있지요. 반면 text는 보통 SMS를 말하지만, SMS 이외의 채팅이나 메시지 역시 text로 표현하기도 합니다. 스마트 기기에서 message보다 text라고 치는 것이 더 간단하기 때문이라고 설명하는 사람도 있습니다. 물론 text도 message와 마찬가지로 동사로도 쓸 수 있습니다.

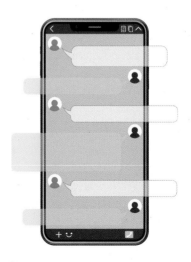

비즈니스 영어 이메일은 단도직입적으로 써야 하나요?

비즈니스 영어 회화나 이메일에 대해 많은 사람이 우리말과 달리 뭐든 단도직입적으로 말해야 한다고 생각하는 경향이 있습니다. 정말 사실일까요?

사전을 찾아보면 '단도직입'은 '서론 등을 생략하고 바로 본론으로 들어감. 에둘러서 말하지 않고 문제의 핵심을 꺼냄'을 뜻합니다. 하지만 이 책에서 소개하고 있듯이 영어 메일에도 최소한 서두 인사 등은 필요합니다. 상대방이 어느 나라 사람이든 국적과 관계없이 해당되는 이야기입니다. 기본적으로는 비즈니스 영어 이메일도 마찬가지라는 사실을 잊지 마세요. 인사도 없이 본론만 말하면, 무뚝뚝하다는 인상을 주게 될 것입니다. 사업상의 목적이나 본론을 명확하게 밝히면서도 상대방이 어떤 인상을 받을지 생각하면서 써야 합니다.

또 외국계 회사 등 영어를 주로 쓰는 회사에서는 나이나 서열에 상관없이 하고 싶은 말은 뭐든 해도 된다고 생각하는 사람도 있지만, 이 역시 사실과 조금 다릅니다. 물론 연공 서열은 없지만, 자신보다 높은 직책에 있는 사람에게 실례를 범하지 않도록 주의해야 하는 건 여느 회사와 마찬가지입니다.

흔히 영어에는 경어가 없다고 말합니다. 사실이긴 하지만, 정중하게 표현하는 방법은 있습니다. 자신의 의견을 표출하는 것도 중요하지만, 상사나 고객에게는 반드시 예의 바르고 정중한 표현을 써야 합니다.

예	동의하지 않습니다.	✕ I don't agree.
		○ I'm afraid I cannot agree.
	좋은 생각이 아니에요.	✕ That's a bad idea.
		○ I'm not sure that's a good idea.

이 책에서는 다양한 상황에서 쓰는 예의 바르고 정중한 표현을 익힐 수 있습니다. 꼭 참고하여 사용하시길 바랍니다.

PART2

비즈니스
영어 이메일
80

사외

● 견적 의뢰나 회의 · 이벤트 초대 등 회사 외부로 보내는 메일로 비즈니스 메일에서 큰 비중을 차지하는 부분입니다. 메일을 보내는 목적이 정확하게 나타날 수 있도록 제목을 특히 신경써서 작성해야 합니다.

CHAPTER 3

견적 의뢰
Requesting a Quote

우리말	_ □ ×

제목

가격 견적 의뢰

인사 · 용건

담당자님께

ABC 컨설팅입니다. 다음 항목에 대한 견적서를 보내주시면 감사하겠습니다.

본문 · 세부 내용

- 웹사이트의 디자인 및 아키텍처
- 광고 문안 작성
- 코딩 및 개발
- 매월 호스팅 및 유지 지원

작업 완료 희망일은 6월 말입니다.

마무리 · 후속 조치

확실한 가격 책정을 위해 더 자세한 정보가 필요하시면, 편하게 연락 주세요.

답변을 기다리겠습니다.
감사합니다.
안나 리 드림

A 📎 ☺ 🖼

Send   Save   Cancel

작업을 발주하기 전에 먼저 견적(quote)부터 확인해야 합니다. 이 예시는 발주를 염두에 두고 있는 상대에게 웹디자인 등에 관한 견적을 의뢰하는 메일입니다. 정확한 금액을 책정할 수 있도록 견적 금액에 반영할 만한 세부 항목을 열거하고 있습니다. 견적을 의뢰하는 메일은 불필요한 오해가 생기지 않도록 사무적으로 간결하게 쓰면 됩니다.

Request for Price Quote

Dear Sir/Madam,

We at ABC Consulting would be grateful if you would provide us with a quote for the following items:

– Website design and architecture

– Copywriting

– Coding & Development

– Monthly hosting and support

Desired completion date is end of June.

Please feel free to call me if you need any further information in order to provide us with a firm price.

We look forward to hearing from you.

Sincerely,

Anna Li

자료 요청
Requesting Reference Materials

우리말   _ □ ✕

제목	슬라이드 자료 요청: 야마모토 준코

인사 · 용건

잭 샤프 님께,

얼마 전, 전국 마케팅 콘퍼런스에 참가하여 효율성에 관한 당신의 강연을 인상 깊게 들었습니다. 프레젠테이션 마지막에 언급하신 별첨의 슬라이드 자료를 보내주실 수 있을까요?

본문 · 세부 내용

주제가 시의적절하고 누구나 흥미를 가질 만한 내용이었습니다. 개인적으로 저희 회사의 효율성을 최대한 높일 수 있다고 자신하고 있습니다.

마무리 · 후속 조치

시간 내주셔서 감사드립니다. 답변을 기다리고 있겠습니다.

잘 부탁드립니다.
야마모토 준코 드림

A 🔗 ☺ 🖼   Send   Save   Cancel

○ 비즈니스 콘퍼런스에서 알게 된 강연자에게 보내는 메일입니다. 분명 강연자가 자료를 공유하겠다는 취지의 발언을 했을 것입니다. 메일의 표면적인 목적은 자료 요청이지만, 한편으로는 강연자와 인맥을 쌓고 싶다는 바람도 있지 않았을까요? 강연자 입장에서도 참가자와 의견을 공유하고 싶은 마음이 있으니 강연을 기획했을 겁니다. 여러분도 좋은 강연을 접한다면, 이 메일의 발신자처럼 적극적으로 연락을 취해보면 좋겠습니다.

영어	_ □ ✕

Request for slides: Junko Yamamoto

Dear Mr. Jack Sharp,

I recently attended the National Marketing Conference and enjoyed your lecture on efficiency. Would you mind sending me the slides of the appendix that you referred to at the end of your presentation?

The topic was timely, and it was stimulating for everyone. I personally feel much more confident in maximizing our office efficiency.

Thank you for your time. I look forward to hearing from you soon.

Sincerely,
Junko Yamamoto

● appendix 부록, 부속서류

우편물 수령 확인 요청
Requesting a Receipt of Mail Confirmation

	우리말 _ □ ×
제목	확인 요청
인사 · 용건	켄싱턴 님께 3월 14일 제 비서가 귀사에 빠른 우편으로 출판 계약서를 보냈으나 아무런 연락을 받지 못했습니다.
본문 · 세부 내용	혹시 우편물이 도착하지 않은 건 아닐까 염려됩니다. 잘 받으셨는지 알려주실 수 있을까요?
마무리 · 후속 조치	친절에 감사드립니다. 안녕히 계세요. 사토 켄 드림

A 🔗 ☺ 🖼

Send   Save   Cancel

● 문서를 보냈는데 상대방에게서 아무 연락이 없으면 불안해집니다. 이 메일은 상대방이 출판 계약서를 받았는지 확인하려는 목적에서 쓴 것입니다. '염려하는'이라는 뜻의 concerned는 자주 쓰는 단어이므로 꼭 기억해두세요. 메일 수신자에게서 답변을 못 받을 가능성도 있지만, "Thank you ~" 등 긍정적인 표현으로 끝맺는 태도가 중요합니다.

Request for Confirmation

Dear Ms. Kensington,

On March 14, my secretary sent the publishing contract to your office by express mail, but we have received no response.

I am concerned that it may not have arrived. Would you please notify us as to whether you have received it?

Thank you for your kind attention.

Best regards,
Ken Sato

부재 알림 메시지
Notifying of an Absence

	우리말 _ □ ×
제목	스즈키 에밀리: 7월 14일에서 8월 2일까지 휴가로 인한 부재
인사 · 용건	안녕하세요. 메일 주셔서 감사합니다.
본문 · 세부 내용	제가 8월 2일까지 휴가라서 그때까지는 답변이 늦어질 수도 있습니다.
마무리 · 후속 조치	만약 급하게 처리해야 할 일이 생기면, 안나 리(annali@cmla nguage.com) 씨께 메일을 보내시면 됩니다. 감사합니다. 스즈키 에밀리 드림

A 🔗 ☺ 🖼   Send   Save   Cancel

○ 휴가 등으로 자리를 비울 때 자동 발신 메일을 설정해두는 사람도 많습니다. 부재 시 메일이 오면, 상대방에게 자신의 부재를 알리는 메일을 자동으로 보내는 기능입니다. 이 때 중요한 점은 언제까지 쉬는지 알리는 것과 급한 일이 생겼을 때 대응해 줄 대리인의 이름과 연락처를 남기는 것입니다. 이 두 가지만 확실하게 전달하면 됩니다.

영어   _ □ ×

Emily Suzuki Out of Office from July 14 to Aug 2

Hello,

Thanks for your email.

I am on vacation until August 2 and may be slow to reply until then.

If you need immediate assistance, please email Anna Li at annali@cmlanguage.com.

Thank You!
Emily Suzuki

회의·이벤트 초대
Invitation to a Business Meeting

우리말   _ □ ✕

제목	사업 확장에 관한 회의 초대

인사 · 용건

존슨 님께

이 메일은 사업 확장 가능성에 관해 발표하고 논의하기 위해 AAA사가 주최한 회의에 대한 메일입니다. 이번 행사는 4월 15일 금요일 오후 1시에 크라운 호텔에서 열릴 예정입니다.

본문 · 세부 내용

저희는 모든 사업 파트너를 초대합니다. 회의 참석 초대장을 첨부했으니 확인 부탁드립니다. 이번 회의가 결실을 맺을 수 있도록 여러분의 참석을 기다리겠습니다.

마무리 · 후속 조치

질문 사항이 있으시면, 업무시간 내에 회사의 대표번호로 연락 주시면 됩니다. 참석 의사는 이 메일의 답장으로 미리 알려주시기를 부탁드립니다.

감사합니다.

잭 스미스 드림
AAA사

A 🔗 🙂 🖼

Send   Save   Cancel

◑ 공식적인 초대 메일은 문체도 조금은 격식을 차린 느낌이 나도록 쓰는 것이 좋습니다. 정중하고 긍정적인 어투로 행사에 대한 기대를 할 수 있도록 쓰고, 개최 날짜와 장소 등도 명확하게 밝혀야 합니다. 많은 사람이 참석할 수 있도록 "Please confirm your attendance by replying to us in advance."와 같은 표현으로 참석 여부를 미리 알려달라는 말을 자연스럽게 덧붙이면 더 좋습니다.

Invitation to business expansion meeting

Dear Mr. Johnson,

This email is regarding the meeting which is organized by AAA Ltd. in order to announce and to discuss the possibilities for business expansion. This event will take place at the Crown Hotel on Friday April 15, at 1 pm.

We have invited all our business partners. Kindly find the attached invitation letter to join this meeting. We look forward to your attendance to make this meeting fruitful.

If you have any questions, feel free to contact our official numbers within working hours. Please confirm your attendance by replying to us in advance.

Sincerely yours,

Jack Smith
AAA Ltd.

● regarding ~에 관하여 / fruitful 유익한, 수확이 좋은

초대 수락
Accepting an Invitation

우리말 _ □ ×

| 제목 | 초대해 주셔서 감사합니다 |

인사 · 용건

제니퍼 왕 님께

TTT사의 30주년 행사에 초대해 주셔서 감사드립니다. 여러 분들과 다시 만나 뵐 수 있기를 바랍니다.

본문 · 세부 내용

우리는 월요일 오후 7시 40분에 1042 비행 편으로 도착할 예정입니다. 공항까지 저희를 데리러 나와주시고 크라운 호텔 객실을 예약해 주신 점에 대해 감사드립니다. 여러모로 신경 써 주셔서 감사합니다.

마무리 · 후속 조치

우리는 당신과 함께 즐거운 시간을 보낼 수 있기를 기대하며, 귀사의 지속적인 발전을 기원하겠습니다. 앞으로도 함께 일할 수 있기를 바랍니다.

안녕히 계세요.
요코타 미키 드림

A 🔗 ☺ 🖼   Send   Save   Cancel

거래처의 창립 30주년 행사 초대를 수락하는 메일입니다. 공항 마중과 호텔 예약 등 여러 준비에 "Thank you for taking care of everything."이라는 말로 감사 인사를 하고 있습니다. 두 회사는 사업상의 거래처 관계로 짐작됩니다. 후반부의 "wish you all the success for many more years to come."은 뜻깊은 행사를 맞은 거래처에 할 수 있는 표현으로, 기회가 생기면 꼭 활용해 보시길 바랍니다.

Thank you for your invitation

Dear Jennifer Wang,

Thank you for inviting us to be part of TTT's 30th anniversary event. We're eager to see you all again.

We'll be arriving on Monday at 7:40 pm on flight 1042. Thank you for offering to pick us up and getting us a room at the Crown Hotel. Thank you for taking care of everything.

We look forward to spending time with you and wish you all the success for many more years to come. We hope to continue doing business with you in the future.

Sincerely,
Miki Yokota

회의 내용 정리
Meeting Follow-up

우리말	_ ☐ ✕

제목　금요일 회의 내용 정리

인사 · 용건

엘리자베스 샌더스 님께

지난 금요일 저와의 회의를 위해 시간을 내주셔서 감사드립니다. 당신과 이야기를 나누고 귀사에 관해 알게 되어 즐거웠습니다.

본문 · 세부 내용

다음은 회의 때 나온 주요 사항을 정리한 내용입니다.

- 귀사의 팀에 3개월의 시험 기간을 주는 것에 동의함.
- 다음 달 회의에서 양측의 협력 강화를 위해 논의하기로 결정함.

마무리 · 후속 조치

앞으로 며칠 동안, 이러한 점들을 다룰 공식적인 제안서 초안을 작성할 예정입니다. 그동안 문의사항이 있으시면 555-5555로 연락 주세요.

시간 내어 관심을 가져주셔서 다시 한번 감사드립니다.

안녕히 계세요.
다나카 나호코 드림

A ⬿ ☺ ⌧　　　　　　　　　Send　Save　Cancel

지난주에 첫 회의를 한 상대에게 회의 내용과 다음 일정을 정리하여 보내는 메일입니다. 알아보기 쉽도록 회의 때 합의한 사항을 항목별로 요약하여 열거하고 있습니다. 며칠 후 정식 제안서를 작성하겠다는 말을 명확하게 전한 뒤 메일 말미에는 감사 인사를 덧붙여 긍정적인 인상을 주고 있습니다.

영어	_ □ ×

Friday meeting follow-up

Dear Elizabeth Sanders,

Thank you for taking the time to meet with me last Friday. It's been a pleasure talking to you and learning about your company.

Here are the main takeaways from our meeting:
• We have agreed on a 3-month trial for your team.
• We agreed to meet next month to consider further collaboration.

Over the next few days, I will draft a formal proposal which will address these points. In the meantime, if you have any questions, please call me at 555-5555.

Thank you again for your time and consideration.

Best regards,
Nahoko Tanaka

● address (문제 등)을 다루다, 처리하다

회의 취소
Meeting Cancellation

	우리말 _ □ ✕
제목	회의 취소 알림: 내일 오전 9시
인사 · 용건	**샘 님께** 예상치 못한 긴급한 상황으로 인해 내일 오전 9시에 예정되어 있던 컬래버레이션 관련 회의를 취소해야 할 것 같아 연락드립니다.
본문 · 세부 내용	도저히 미룰 수 없는 시애틀 출장을 가야 한다는 연락을 어시스턴트에게서 받았습니다. 갑작스러운 통보로 불편을 드려 진심으로 사과드립니다.
마무리 · 후속 조치	7월 15일에 돌아올 예정입니다. 사태가 조금 안정된 후에 만나 뵐 수 있었으면 좋겠습니다. 회의 날짜를 다시 잡아 주말까지는 연락드리도록 하겠습니다. 안녕히 계세요. 마쓰무라 사토코 드림

A 🔗 ☺ 🖼   (Send) (Save) (Cancel)

◐ 간혹 급한 일정 때문에 예정된 회의를 취소 혹은 연기해야 하는 경우가 생깁니다. 일정 변경은 어쩔 수 없더라도 취소할 수밖에 없는 이유를 간결하고 명확하게 밝히는 것이 중요합니다. 마무리 파트에서는 취소된 일정을 어떻게 조정할 것인지에 관해 언급하는 것도 잊지 말아야 합니다.

Meeting Cancellation: Tomorrow 9 am

Dear Sam,

I am writing to inform you that due to an unforeseen and emergent situation, I have no choice but to cancel our meeting scheduled tomorrow at 9 am regarding our collaboration.

I have been notified by my assistant that I must take a business trip to Seattle, which cannot be postponed. I sincerely apologize for all the inconvenience, as well as for my short notice.

I should be back in town on July 15. I will be pleased to meet with you after things slow down a bit. I will write you by the end of the week and suggest a new appointment date.

Best regards,
Satoko Matsumura

연설 의뢰 거절
Declining an Invitation to Speak

우리말	**_ □ ×**

제목
회의 불참 알림

인사 · 용건
앨런 제프리 님께

다음 달 회의에 연설자로 친절하게 초청해 주셔서 진심으로 감사드립니다.

본문 · 세부 내용
유감스럽게도 그 주에는 출장 계획이 있어 프로그램에 참가할 수 없겠습니다. 그렇지 않았다면, 기쁜 마음으로 초청을 받아들였을 것입니다.

만약 염두에 두고 있는 사람이 따로 없으시다면, 저의 동료인 다나카 사키코 씨께 부탁하는 건 어떨까요? 말도 잘하고 통찰력도 상당히 흥미로운 사람입니다.

마무리 · 후속 조치
어찌 됐든 회의가 성공적으로 이루어지길 바랍니다. 저를 생각해 주셔서 감사드립니다.

안녕히 계세요.
오카모토 리사 드림

A 📎 😊 🖼️   Send   Save   Cancel

연설 의뢰를 받았지만, 출장 계획이 겹쳐 정중하게 거절하는 상황입니다. 본문에서 거절 의사와 함께 이유를 설명한 뒤 다른 사람을 추천하고 있습니다. 자신에게 부탁한 점에 대해 감사 인사를 하는 동시에 대신할 사람을 찾아야 하는 상대방에 대한 배려가 느껴집니다. 마지막 문장 "Thank you for thinking of me."은 거절 의사와 함께 감사의 뜻을 전하는 세련된 표현이니 익혀두면 좋겠습니다.

영어 _ □ ×

Unable to join conference

Dear Alan Jeffery,

My sincere thanks for the thoughtful invitation to speak at the conference next month.

I am sorry that my travel plans will take me away during that week, so I won't be able to be part of the program; otherwise, I would be pleased to accept your invitation.

If you do not have another person in mind, you might consider inviting my colleague Sakiko Tanaka. She's a great speaker and her insights are very interesting.

In any case, I wish you a very successful day. Thank you for thinking of me.

Best regards,
Lisa Okamoto

010

마감일 연장 요청
Requesting a Deadline Extension

	우리말 _ ☐ ✕
제목	연례 보고서의 기한 연장 요청
인사 · 용건	제니퍼 님께 제가 담당하고 있는 연례 보고서의 현 상황에 관해 드릴 말씀이 있습니다. 기술 쪽 문제로 인해 마감 기한인 다음 주 화요일까지 완료하기 어려울 것 같습니다.
본문 · 세부 내용	현재, 어젯밤 공개된 소프트웨어의 새 버전에 문제가 생겨 IT팀이 문제 해결을 위해 열심히 노력하고 있습니다. 따라서 다음 주 금요일 2022년 8월 23일까지 기한을 연장해 주시기를 부탁드립니다. 이런 부탁을 드려서 죄송합니다. 하지만 시간이 충분하면, 오류가 없을 것이라고 확신합니다.
마무리 · 후속 조치	새로운 기한으로 해도 괜찮을지 알려주셨으면 합니다. 이해해 주셔서 감사합니다. 안녕히 계세요. 나카야마 준코 드림

A 🔗 ☺ 🖼   Send   Save   Cancel

약속일까지 일을 완료하지 못할 때는 상황에 대해 이해를 구하고 기한 연장을 상의해야 합니다. 예시문도 진행이 늦어지는 이유와 연장하고 싶은 이유가 간결하게 정리되어 있습니다. 상황을 객관적인 시각으로 판단하고 서술하는 태도를 참고하면 좋겠습니다. "I regret to ask you for this extension."이라는 말로 미안한 감정을 표현하면서도 "Thank you in advance"라는 긍정적인 어조로 글을 마무리 짓고 있습니다.

영어   _ □ ×

Extension Request for Annual Report

Dear Jennifer,

I wish to update you on the status of the Annual Report that you requested I complete. Due to some technical problems, it appears that they may not be finished by next Tuesday's deadline.

We are currently having issues with the new software version that rolled out in last night, but our IT department is working diligently to resolve this issue.

As a result, I would like to request that the deadline be extended until next Friday, August 23, 2022. I regret having to ask you for this extension. However, I want to make sure that there is sufficient time and ensure that it is free of errors.

Please let me know if this new deadline will be acceptable. Thank you in advance for your understanding.

Sincerely,

Junko Nakayama

● roll out in 공개하다 / ensure ~을 보장하다

011

입찰 의뢰
Requesting Bids

우리말   _ □ ✕

제목	입찰 의뢰

인사 · 용건

담당자님께

현재 **ABC** 컨설팅은 새 소프트웨어 제품을 소개하는 웹사이트의 구축 및 유지 관리에 관한 입찰을 진행하고 있습니다.

본문 · 세부 내용

입찰에는 첨부 서류에 기재된 주요 제품 4개를 소개하는 샘플 페이지를 포함해야 합니다. 저희가 요구하는 세부 사항에 대해서는 첨부된 제안요청서(RFP)를 참고해 주세요.

마무리 · 후속 조치

ABC 컨설팅은 10월 15일 금요일까지 입찰을 받을 예정입니다. 웹사이트는 11월 30일까지 테스트 준비를 하고 1월 15일까지는 완전히 사용 가능한 상태가 되어야 합니다.

답변을 기다리겠습니다.

감사합니다.
리처드 캐슬 드림

A 🔗 ☺ 🖼   Send   Save   Cancel

외부 협력사에 입찰을 의뢰하는 메일입니다. 세부 사항은 첨부된 제안요청서(RFP)에 기재되어 있겠지만, 간단한 사항은 메일 본문에 요약해서 쓸 수도 있습니다. 목적은 기한까지 입찰을 받는 것이므로, 마감일을 명확하게 밝혀야 합니다. 같은 내용의 메일을 여러 회사에 보내는 상황임을 예상할 수 있는 만큼 사무적인 말투로 최소한의 내용만 써도 괜찮습니다.

Request for bids

Dear Sir/Madam,

ABC Consulting is currently seeking bids on setting up and maintaining a website that will showcase our new software products.

Bids must include a sample page that introduces the four key products described on the attached documents. Please see the attached request for proposal (RFP) for further details about our requirements.

ABC Consulting looks forward to receiving your bid by Friday, October 15. The website must be ready for testing by November 30 and fully operational by January 15.

We look forward to your response.

Sincerely,
Richard Castle

● RFP = Request for Proposal

012

거래 종료 알림
Contract Termination Notice

우리말 _ □ ✕

| 제목 | 거래 관계 종료 |

인사 · 용건

로널드 잭슨 님께

유감스럽지만, 귀사와의 계약이 좋은 성과를 내지 못했기에 비즈니스 관계를 종료하고자 연락드립니다.

본문 · 세부 내용

이 과정을 신속하게 진행하기 위해 참고용으로 필요한 서류를 모두 첨부했습니다. 최대한 협조해 주신다면 감사하겠습니다.

마무리 · 후속 조치

앞으로 귀사의 발전과 성공을 기원하겠습니다.

안녕히 계세요.
야마모토 조 드림

A 📎 ☺ 🖼   Send   Save   Cancel

○ 거래 관계 종료를 통보하는 메일입니다. 앞부분에서 거래 종료 의사를 밝혀야 합니다. 이 예시에서는 종료하고자 하는 이유를 "our arrangement isn't working out"이라고 간결하게 설명하고 있습니다. 이런 메일을 쓰기까지 여러 사건이 있었으며 부정적인 감정이 쌓이기도 했겠지만, 시종 차분한 태도를 유지하고 있습니다. 또한 상대방의 건승을 기원하는 맺음말을 사용한 점을 기억하시면 좋겠습니다.

영어   _ □ ✕

Termination of Business Relationship

Dear Mr. Ronald Jackson,

I am writing to inform you that, unfortunately, our arrangement isn't working out, and I am terminating our professional relationship.

I am attaching all the required documents for your reference and also to quicken the pace of this process. I would appreciate the fullest cooperation from your side.

I wish you the best of success in your future endeavors.

Sincerely yours,
Joe Yamamoto

● endeavor 노력, 시도

001 **견적 의뢰**

◐ 42쪽 참조

인사 · 용건
> 아래 상품에 관한 견적을 요청하고 싶습니다.

We would like to request a price quotation for the following products.

본문 · 세부 내용
> 장기간 이용할 가능성이 있으므로, 다음 상품들에 대한 최적의 가격을 제시해 주시면 감사하겠습니다.

With the potential long-term nature of this request, we would be delighted if you would give us your best possible price for these items.

> 만약 할당 예산 내의 가격이라면, 다음 상품들을 바로 구입하고 싶습니다.

We are in a position to purchase these goods immediately if the price is within our allocated budget.

● allocated budget 할당 예산

마무리 · 후속 조치
> 이번 기회가 오랫동안 이어질 비즈니스 관계의 출발점이 되기를 희망합니다.

We hope that this can be the start of a long-lasting business relationship.

002 **자료 요청**

● 44쪽 참조

인사·용건

> 귀사의 대여 서비스에 관해 여쭤볼 사항이 있어 연락드립니다.

I am writing to inquire about your rental service.

● 영국에서는 inquire 대신 enquire를 쓴다.

본문·세부 내용

> 귀사의 최신 카탈로그를 아래의 주소로 보내주세요.

Please send us your latest catalog to our address listed below.

> 그 상품에 관한 세부 사항이 기재된 카탈로그를 보내주시면 매우 감사하겠습니다.

I would be very thankful if you could send me a detailed catalog regarding the product.

● 영국에서는 catalog 대신 catalogue를 쓴다

마무리·후속 조치

> 번거로우시겠지만, 가능한 한 빠른 시일 내에 세부 사항을 보내주시기를 부탁드립니다.

I hope you will consider my request and send me the details at the earliest.

003 우편물 수령 확인 요청

● 46쪽 참조

인사·용건

> 2주 전에 보낸 웹사이트 분석 보고서에 관해 확인하고 싶은 사항이 있어 연락드립니다.
>
> **This is to bring to your kind attention that I sent you the website analytics report two weeks back.**

본문·세부 내용

> 보고서를 받으셨다는 확인 메일을 보내주시면 매우 감사하겠습니다.
>
> **I would be very grateful if you could send me a confirmation mail acknowledging receipt of my report.**

> 그것을 받으셨는지 확인해 주시길 부탁드립니다.
>
> **I would like to confirm if you have received it.**

마무리·후속 조치

> 긍정적인 답변을 기다리고 있겠습니다.
>
> **Looking forward to a positive reply from you.**

> 그 보고서에 관해 바로 연락해 주셨으면 합니다.
>
> **Please contact me immediately regarding the report.**

004 **부재 알림 메시지**

● 48쪽 참조

인사 · 용건

> 메일 주셔서 감사드립니다. 8월 2일까지 제가 자리를 비울 예정입니다.

Thanks for your email. I am out of the office until August 2.

> 7월 14일부터 8월 2일까지 제가 자리를 비울 예정입니다.

I will be out of the office from July 14 until August 2.

본문 · 세부 내용

> 돌아오면 답변을 드리겠습니다.

I will reply to your email after I return.

> 그동안은 메일로 연락하기가 힘들 것 같습니다.

During this period, I will have limited access to my email.

마무리 · 후속 조치

> 급하게 처리해야 할 일이 생기면, 안나 리 씨에게 연락하시면 됩니다. 감사합니다.

For any urgent matters, please contact Anna Li. Thank you.

005 회의·이벤트 초대

○ 50쪽 참조

본문·세부 내용

> 초대받은 사람만 참가할 수 있는 이번 행사에 꼭 와주시길 부탁드립니다.

Please join us for this exclusive, invitation-only event.

● exclusive 제한된

> 9월 17일 금요일까지 온라인으로 출석 여부를 등록해 주세요.

Please confirm your attendance by registering online by Friday September 17.

마무리·후속 조치

> 필요한 것이 있으시면, 편하게 연락 주세요.

Please do not hesitate to contact me if I can be of any further assistance.

> 답장으로 참석 여부를 미리 알려주시면 감사하겠습니다.

Kindly ensure your attendance by replying to us in advance.

006 초대 수락

○ 52쪽 참조

인사 · 용건

> 5월 7일 워싱턴 D.C.에서 개최되는 화제의 ABC 콘퍼런스에 초대해 주셔서 감사합니다.

I am writing this letter to kindly thank you for inviting me to attend the up-and-coming ABC conference in Washington DC, on May 7.

● up-and-coming 전도유망한, 떠오르는

> 6월 16일 금요일에 열리는 연례 마케팅 행사에 초대해 주셔서 감사합니다.

Thank you for your kind invitation to the annual marketing event on Friday, June 16.

본문 · 세부 내용

> 출석할 예정이며, 이 회의가 우리의 관계를 더 굳건하게 다지는 기회가 되기를 바랍니다.

I am confirming my attendance and strongly hope this conference will give us a chance to strengthen our relationship.

> 초대를 받게 되어 기쁘게 생각합니다.

We are delighted to have received the invitation.

마무리 · 후속 조치

> 초대해 주셔서 감사하다는 말씀을 다시 한번 드립니다. 귀하와 팀원분들을 만나 뵐 날을 기다리고 있겠습니다.

Thank you once again for inviting me. I look forward to meeting with you and your team.

007 회의 내용 정리

◉ 54쪽 참조

인사 · 용건

> 귀사의 전자상거래 목표에 관해 오늘 저희 팀원들과 논의하는 시간을 내주셔서 감사합니다.

Thank you for taking the time to discuss with my colleagues today regarding your e-commerce goals.

> 아주 뜻깊은 회의였습니다.

I think you will agree that we had a very productive meeting.

본문 · 세부 내용

> 회의에서 주 1회 배달에 관한 귀사의 구체적인 요구 사항, 그리고 저희 회사의 역량에 관해 이야기를 나눴지요.

During our meeting, we spoke about your company's specific need for weekly deliveries. We also spoke about my company's capabilities.

> 아래 사항은 회의 내용을 정리한 것입니다.

The following points summarize our discussion:

마무리 · 후속 조치

> 귀사의 팀과 함께할 다음 회의 일정을 잡기 위해 다음 주에 연락드리겠습니다.

I will write you next week to arrange our next meeting with you and your team.

> 그동안 궁금하신 점이 있으시면, 언제든지 메시지나 전화를 주세요.

Meanwhile, if you have any questions, please feel free to message or call me.

008 **회의 취소**

◯ 56쪽 참조

인사 · 용건

> 죄송하지만, 20일 화요일 오전 9시로 예정된 회의를 취소해야 할 것 같습니다.

I regret to inform you that I have to cancel our meeting scheduled at 9 am on Tuesday 20th.

본문 · 세부 내용

> 갑작스럽게 연락해 불편을 끼친 점에 대해 사과의 말씀을 드립니다.

I sincerely apologize for all the inconveniences, as well as for my short notice.

> 이번 일로 불편을 드려 정말 죄송합니다.

Please accept my sincere apologies for any inconvenience this may have caused.

> 다음 분기 계획을 최종적으로 결정하는 것이 얼마나 중요한지는 잘 알고 있습니다.

I know how important it is for you to finally work out a plan for the next quarter.

마무리 · 후속 조치

> 이해해 주길 바라며, 20일이 있는 주에 회의를 열어 뵐 수 있기를 기다리고 있겠습니다.

I hope for your understanding and am looking forward to our meeting, which we could reschedule for the week of 20th.

> 약속 날짜를 새로 정해 주말까지는 연락드리겠습니다. 검토해 주셔서 감사하다는 말씀을 다시 한번 전합니다.

I will write you by the end of the week and suggest a new appointment date. Thank you once again for your consideration.

009 **연설 의뢰 거절**

○ 58쪽 참조

인사 · 용건

> 11월에 있을 연례회의 연설에 초청해 주셔서 감사드립니다.

Thank you for your invitation to address your annual convention in November.

● address ~에서 연설하다, ~에서 강연하다

본문 · 세부 내용

> 아쉽지만, 그날에는 다른 행사에 참가하기로 되어 있어 참석하기 어렵겠습니다.

Unfortunately, I am unable to accept because I have already committed to another event on the same day.

● commit to ~을 약속하다

> 연구 분야에서 좋은 평가를 받고 있는 전문가 제니 양 씨에게 연락을 드려보는 것도 좋을 듯합니다.

You may, perhaps, consider approaching Jenny Yang who is also an expert in research with a great reputation.

● reputation 평판, 명성

마무리 · 후속 조치

> 회의가 성공적으로 이루어지길 기원하며, 연락 주셔서 감사하다는 말씀을 다시 한번 드립니다.

I know your conference will be a success, and thank you again for considering me.

010 마감일 연장 요청

● 60쪽 참조

인사 · 용건

> 사업 보고서 제출 기한을 넘겨 정말 죄송합니다.

I sincerely apologize for missing the deadline for the business report.

> 죄송합니다만, 내일까지 하기로 한 분석 자료를 제출하지 못할 것 같아 연락드렸습니다.

I'm reaching out because, unfortunately, I won't be able to submit the analysis by tomorrow as promised.

본문 · 세부 내용

> 작업 기간을 짧게 예상한 점과 더 빨리 연락드리지 못한 점에 대한 책임을 전부 지겠습니다.

I take full responsibility for underestimating how long it would take, and for not reaching out sooner.

● underestimate ~을 실제보다 적게 추산하다, 과소평가하다

> 12월 15일까지 서류를 보내도 되는지 검토해 주시기를 부탁드립니다.

I am asking you to consider whether it would be possible for me to send you my documents by December 15.

마무리 · 후속 조치

> 불편을 끼쳐드린 점 깊이 사과드립니다. 위에서 말씀드린 일에 관심을 가져주셔서 감사합니다.

Please accept my deepest apologies for this inconvenient delay. Thank you so much for your kind attention to the above matter.

011 입찰 의뢰

○ 62쪽 참조

인사·용건

> ABC 컨설팅의 웹사이트 구축과 관련하여 9월 13일까지 입찰을
진행합니다.

**ABC Consulting invites bids for setting up a website
by September 13.**

본문·세부 내용

> 지불 조건 및 다른 추가 정보가 포함되어 있는 입찰을 8월 10일까
지 받고자 합니다.

**We would like to request a bid from your company
stating payment terms and all other information by
August 10.**

마무리·후속 조치

> 이 입찰에 관해 더 자세한 정보가 필요하시면, 555-5555로 연락
주세요.

**You can call 555-5555 for further information re-
garding this bid.**

> 귀사의 응찰을 기다리고 있겠습니다.

I look forward to receiving your bid.

012 **거래 종료 알림**

⟶ 64쪽 참조

인사 · 용건

> 2022년 3월 16일 귀사와의 계약이 종료됨을 알려드립니다.

This is a formal notice to inform you that the contract between our companies will be terminated on March 16, 2022.

> 귀사와의 사업 관계를 종료하기로 결정했다는 사실을 말씀드리기 위해 이 메일을 씁니다.

I am writing this letter to hereby inform you that we have decided to terminate our business relationship.

본문 · 세부 내용

> 귀사의 지연은 저희 회사에 막대한 경제적 손실을 입혔고, 우리는 고객을 잃을 위기에 처해 있습니다.

Your delay caused us a huge financial loss, and we are on the verge of losing our clients.

● financial loss 경제적 손실 / on the verge of 막 ~하려는

마무리 · 후속 조치

> 이 메일의 수신 확인을 하고 저희 회사와의 계약 및 거래 종료를 진행해주시길 부탁드립니다. 문의 사항이 있으시면 123-4567로 연락 주세요.

Please confirm receipt of this email as termination of our contract and the closing of our account. If you have any questions, you can reach me at 123-4567.

> 장기간 협력해 주신 점에 대해 감사의 말씀을 드립니다.

We would like to thank you for our long-standing collaboration.

약속

● 　　　　출석 연락이나 약속 취소 등 상대방과 일정을 조율하거나 확인하기 위한 메일입니다. 제목에 구체적인 일시를 표기하여 쓰는 것이 좋습니다.

013

취재 요청
Requesting an Interview

우리말 _ □ ✕

| 제목 | 점심 인터뷰 요청 |

인사 · 용건

제인 레그널트 님께

지난주 저의 친구인 오타 해리와 당신의 신간이 얼마나 재미있는지 이야기를 나누던 중 그가 꼭 연락을 해보라고 제안했습니다.

본문 · 세부 내용

당신이 쓴 글이 정말로 마음에 들어요. 이 책은 다른 나라의 인상적인 사례들과 함께 마케팅 산업에 대한 훌륭한 통찰력을 보여주고 있지요.

저는 지금 도쿄의 우수한 마케팅 전문가들에 관한 일련의 기사를 쓰고 있습니다. 그래서 꼭 당신도 인터뷰하고 싶습니다.

마무리 · 후속 조치

수요일 정오에 점심 인터뷰가 가능하실까요? 만약 힘드시다면, 다른 날짜와 시간을 알려주시길 부탁드립니다.

당신과 이야기를 나눌 수 있기를 기대하고 있겠습니다.

잘 부탁드립니다.
아베 히로미 드림

A 🔗 ☺ 🖼   Send   Save   Cancel

● 만난 적 없는 사람과 약속을 잡는 메일입니다. "he suggested that I contact you"라는 말로 지인의 소개를 받은 상황임을 설명하고 있습니다. 지인의 이름은 초반부터 분명하게 밝히는 것이 좋습니다. 이어서 만나고 싶은 이유를 말하고, 만날 날짜를 제안하며 글을 마무리함으로써 만남의 가능성을 높이고 있습니다. 약속을 잡는 데 주저하지 않는 태도에서 발신자의 적극성이 엿보입니다.

영어　　　— □ ✕

Request for a Lunch Interview

Dear Jane Regnalt,

My friend Harry Ota and I were talking about how much we enjoyed reading your new book last week, and he suggested that I contact you.

I absolutely love what you wrote. The book showed great insights into the marketing industry, with inspiring examples from other countries!

I'm writing a series of articles about the best marketing professionals in Tokyo and I'd love to include you.

Are you available for a lunch interview on Wednesday at noon? If that doesn't work for you, please send me a few alternative dates and times.

Looking forward to speaking with you.

Best regards,
Hiromi Abe

● insight 식견, 통찰력

014

출석 연락
Attendance Notification

우리말   _ ☐ ✕

제목	9월 30일 행사 참석 연락

인사 · 용건

윌리엄스 님께

9월 30일에 열리는 행사 초청에 응할 수 있게 되어 매우 기쁘게 생각합니다. 이번 행사는 저희의 사업 목표를 전환하고, 그 발전에 관해 논의할 수 있는 좋은 기회가 될 것입니다.

본문 · 세부 내용

예정된 시간도 저의 일정과 잘 맞습니다.

마무리 · 후속 조치

이번 행사에 관한 추가적인 정보가 있으면, 저에게 알려주셨으면 합니다.

감사합니다.
요시카와 도모 드림

A 🔗 😊 🖼️   Send   Save   Cancel

◐ 행사 초청을 받고 기쁜 마음으로 출석하겠다는 뜻을 전하고 있습니다. 이 메일의 목적은 출석 의사를 전하는 것이므로 딱히 길게 쓸 필요는 없지만, 예시에서처럼 행사에 대한 기대감이나 추가 정보를 부탁하는 말을 덧붙이면 좋습니다. 긍정적인 기대감을 나타낼 때 유용한 표현 "looking forward to"를 적절히 활용해 보시기를 바랍니다.

Attending the event on September 30

Dear Mr. Williams,

I'm very pleased to accept your invitation to the event on September 30. I think that the upcoming event will be a great opportunity to exchange our business goals and discuss their development.

The time you've chosen fits best with my business schedule.

I will be looking forward to hearing from you if you have any other additional information for the event.

Sincerely,
Tomo Yoshikawa

015

약속 수용
Making an Appointment

우리말 _ □ ✕

제목	9월 29일 미팅 확인

인사 · 용건

존슨 님께

귀사의 마케팅팀과 만날 수 있는 초청에 응하게 되어 매우 기쁩니다.

본문 · 세부 내용

세부 사항을 확인하고 싶은데, 9월 29일 오전 9시 30분 크라운 호텔 로비에서 만나는 것이 맞겠지요.

마무리 · 후속 조치

우리는 의논할 것이 많습니다. 그럼 그때 뵙겠습니다.

안녕히 계세요.
스즈키 안나 드림

A 🔗 ☺ 🖼

Send Save Cancel

초청에 응한다는 사실을 상당히 간결하게 알려주는 메일입니다. 요점만 간단하게 쓰고 있습니다. 서두에서 상대방의 초청을 받아들이겠다고 말하고, 본문에서 일시와 장소 등 세부 사항을 확인합니다. "Looking forward to meeting you."처럼 기대감을 나타내는 표현으로 글을 마무리하는 것도 좋지만, 예시처럼 단순하게 "See you then.(그때 뵙겠습니다.)"이라고 할 수도 있습니다. 상황에 맞게 적절한 표현을 쓰는 연습을 해보세요.

영어 _ □ ✕

Meeting you on Sept 29

Dear Mr. Johnson,

I am very pleased to accept your invitation to meet with your marketing team.

To confirm the details, I will meet you in the lobby of the Crown Hotel at 9:30 am, September 29.

We have a lot to discuss. See you then.

Sincerely,
Anna Suzuki

016

약속 취소
Canceling an Appointment

우리말   _ □ ×

제목	회의 취소: 7월 15일

인사 · 용건

켄싱턴 님께

귀사의 담당자와 당사의 엔지니어 간의 회의가 7월 15일 금요일에 열릴 예정으로 알고 있습니다. 아쉽지만 이 회의는 취소해야 할 것 같습니다.

본문 · 세부 내용

오해가 있었던 모양입니다만, 저희 회사는 이미 다른 회사와 네트워크 보안에 관한 계약을 맺은 상태입니다. 지금 계약 기간이 2년 이상 남아 있습니다.

마무리 · 후속 조치

이번 일로 귀사에 불편을 드린 점에 대해 사과의 말씀을 전합니다.

안녕히 계세요.
아이자와 다카유키 드림

Send   Save   Cancel

○ 회의를 취소한다는 내용을 전달하는 메일입니다. 먼저 제목에 취소 의사를 일시와 함께 명확하게 밝히고 있어 상대방이 메일 내용을 짐작할 수 있을 것입니다. 용건 파트에서 다시 한번 취소의 뜻을 전하고, 본문에 이유를 명확하게 설명합니다. 마지막 문장 "I apologize for any inconvenience this may have caused you.(불편을 드린 점에 대해 사과의 말씀을 드립니다.)"는 아주 흔히 쓰는 표현이므로, 기억해두시면 좋습니다.

영어 _ □ ✕

Cancelled meeting: July 15

Dear Ms. Kensington,

It has come to my attention that your company representatives have an appointment to meet with our engineers on Friday, July 15. Unfortunately, this meeting needs to be cancelled.

There must have been a misunderstanding as we have already contracted with another company to take care of network security issues. Our current contract runs for two more years.

I apologize for any inconvenience this may have caused you.

Sincerely,
Takayuki Aizawa

● **representative** (~의) 대표(자), 판매 사원

013 **취재 요청**

⊙ 80쪽 참조

인사·용건

> 저는 MWC 홀딩스 사장으로 근무하고 있습니다. 지난달 세계적인 규모의 이노베이션 콘퍼런스에서 만난 적이 있지요. 9월 17일 당사의 영업담당자 중 한 명과 미팅 약속을 잡을 수 있을까 해서 연락드립니다.

I am the managing director of MWC Holdings. I met you for a short time during the worldwide innovation conference last month and I am writing to request a meeting appointment with one of our representatives on September 17.

● managing director 사장

본문·세부 내용

> 가능한 한 빠른 시일 내에 정식 회의 일정을 잡고 양사 모두 관심을 갖고 있는 아이디어에 관해 더 심도 있는 논의와 조사를 할 수 있기를 바랍니다.

I would like to request that we schedule a formal meeting at your earliest availability to further discuss and explore ideas that are of interest for both of us.

● at your earliest availability 가능한 한 빨리

> 당사의 영업담당자 중 한 명이 9월 중순에 귀사가 있는 지역으로 출장을 갈 예정입니다. 그래서 귀하와 한 시간 정도 이야기를 나눌 수 있기를 바랍니다.

One of our sales representatives will be traveling to your area during mid-September, and we're very interested in scheduling an hour-long meeting with you.

마무리·후속 조치
> 9월 17일 오후에 시간이 어떠신가요? 만약 힘드시다면, 편하신 시간을 정해 언제든 말씀해 주세요.

Are you available in the afternoon on September 17? If not, then please feel free to propose a convenient time.

014 출석 연락

○ 82쪽 참조

인사·용건
> 3월 15일 토요일 오전 10시 30분부터 크라운 호텔에서 열릴 브런치 행사에 초대해 주셔서 감사드리며, 그 초대에 응하고자 합니다.

I accept your kind invitation to brunch at the Crown Hotel on Saturday, March 15 at 10:30 am.

> 기쁜 마음으로 ABC 기금 설립 파티에 참석하겠습니다. 사람들의 주목을 받는 이런 행사에 초대받아 영광입니다.

I received with pleasure, your invitation to the ABC Foundation launching party. I feel honored to have been chosen to be a part of this spectacular event.

● spectacular 시선이 집중되는, 주목받는

본문·세부 내용
> 감사하게도 그날은 다른 일정이 없으므로, 행사 참석을 위해 시간을 비워두겠습니다.

Thankfully, my calendar is clear that day so I have saved the date and would be attending the event.

마무리·후속 조치
> 아쉽게도 선약이 있어 빨리 일어나야 할 것 같습니다.

Unfortunately, we will have to leave early due to a prior engagement.

> 설립 행사가 성공적으로 이루어지기를 바랍니다.

I wish you a successful launch event.

015 **약속 수용**

◯ 84쪽 참조

인사·용건

> 5월 9일에 열리는 회의에 기꺼이 참석하도록 하겠습니다.

I'm glad to accept your meeting request that you scheduled on May 9.

본문·세부 내용

> 꼭 만나고 싶습니다만, 공교롭게도 그날은 선약이 있어 5월 8일 대신 5월 9일에 뵐 수 있으면 좋겠습니다.

I'm interested to meet with you. However, I prefer if we meet on May 9 instead of May 8 since I already have prior engagements on that day.

● prior 사전의 마무리·후속 조치

마무리·후속 조치

> 제안하신 대로 크라운 호텔에서 뵙겠습니다. 귀하와의 만남을 기대하고 있겠습니다.

We shall meet at Crown Hotel as suggested. Looking forward to meeting you there.

> 예정대로 오전 11시에 만나도록 하지요. 내일 뵙겠습니다.

We shall meet at 11 am as planned. See you tomorrow.

016 **약속 취소**

● 86쪽 참조

인사 · 용건

> 아쉽게도 10월 20일 목요일 오전 11시로 예정된 회의를 취소해야 할 것 같아 연락드립니다.

I am writing to let you know that unfortunately, I must cancel the meeting that we have scheduled for Thursday, October 20 at 11 am.

> 예상치 못한 일정이 생겨 약속을 취소해야 할 것 같습니다.

An unexpected scheduling conflict has arisen and has caused me to have to cancel our appointment.

● conflict 불일치, 대립, 충돌

본문 · 세부 내용

> 10월 25일 화요일 오전 9시는 어떠신가요? 전화나 메일로 알려주시기를 부탁드립니다.

Would Tuesday, October 25 at 9 am work for you? Please call or email me to let me know.

마무리 · 후속 조치

> 이번 일정 변경으로 불편을 드려 죄송합니다. 가까운 시일 내에 만나 뵐 수 있기를 기대하겠습니다.

I apologize for any inconvenience that this change may cause. I look forward to seeing you in the near future.

세일즈

● 　　　　세일즈와 관련하여 다양한 상황에 활용할 수 있는 메일입니다. 직접적인 판매와 계약, 고객 관리 등의 목적으로 작성되기 때문에 긍정적인 톤의 문구와 정중한 표현을 사용해야 합니다.

CHAPTER 5

사업 소개
Business Introduction

우리말	_ □ ×

| 제목 | 사업 소개 |

인사·용건

바우어 님께

온라인 콘텐츠 개발을 전문으로 하는 저희 YY 테크놀로지를 소개해 드리고자 합니다.

본문·세부 내용

당사는 5년간 이 분야의 사업을 전문적으로 해왔습니다. 저희의 고객 중에는 XX사처럼 일본에서 유명한 회사도 있습니다. 저희는 기술 개발뿐만 아니라 온라인 게임 매니지먼트와 개발도 하고 있습니다. 귀사와도 함께 일할 수 있다면 큰 영광일 것입니다.

마무리·후속 조치

만약 귀사의 콘텐츠 개발 업체로 저희도 검토해 주신다면 매우 감사하겠습니다. 저희 회사의 사례 연구와 경비에 관한 워드 파일을 첨부합니다. 문의 사항이 있거나 추가 정보가 필요하시면, 주저하지 마시고 답장을 주시거나 888-888-8888로 연락 주세요.

감사합니다.
낸시 고든 드림

A 🔗 ☺ 🖼   Send   Save   Cancel

자사의 비즈니스에 관해 간결하게 소개하는 메일입니다. 물론 소개가 최종 목표는 아니며, 본인 회사 서비스의 장점과 가격이 명시된 파일을 첨부하여 새로운 비즈니스 관계를 이어 나가고 싶다는 의지가 느껴집니다. 그러기 위해서는 먼저 어떤 사업을 하고 있는지 명료하게 설명해야 합니다. 그리고 상대방 회사에 관해 사전 조사를 해놓으면, 메일 내용을 효과적으로 정리하는 데 도움이 됩니다.

영어   — □ ✕

Business Introduction

Dear Mr. Bauer,

I would like to introduce our organization YY Technologies, which specializes in online content development.

We have been specializing in this business for the last five years. Our client list includes reputed organizations in Japan like XX. We not only provide technical development, but also manage and develop online games. It would be a great honor to do business with you.

I would be highly grateful if you consider us for content development for your organization. I am also attaching a Word file explaining our case studies and cost. If you have any questions or need further information, please do not hesitate to reply or call us at 888-888-8888.

Best regards,
Nancy Gordon

018

처음 만나는 상대와의 세일즈 1
Requesting a Sales Meeting 1

	우리말 _ □ ✕
제목	이번 주에 10분 정도 시간을 내주실 수 있을까요?
인사 · 용건	잭 님께 YYY사의 제스입니다. LinkedIn을 통해 당신의 성함을 알게 되었습니다. 프로필에 적힌 업적을 보고 깊은 인상을 받았습니다.
본문 · 세부 내용	저희는 콘텐츠 전략 개발 · 관리 · 확장을 돕고 있습니다. 과거에는 ZZZ사와 같은 기업의 신규 사업 유치와 수상에 조력했습니다. 귀사에도 도움을 드릴 수 있다고 생각합니다.
마무리 · 후속 조치	저희에게 관심을 가져주실지 모르겠지만, 만약 관심 있으시다면, 저희가 어떻게 귀사의 요구 사항을 충족시켜 드릴 수 있는지 전화로 10분 동안만 말씀드리고 싶습니다. 다음 주는 언제든 괜찮습니다. 또 이벤트에서 남은 블루투스 스피커도 드릴 수 있습니다. 감사합니다. 후쿠시마 제스 드림

A ✎ ☺ ▤   Send   Save   Cancel

❷ SNS를 통해 연락처를 알게 된 경위와 왜 메일을 쓰게 되었는지 서두에서 설명하고 있습니다. 본문에서는 본인 회사를 소개한 뒤 앞으로 어떻게 하고 싶은지 상대방의 의견을 타진하며 마무리 짓고 있습니다. 여기서는 전화 통화를 제안하고 있지만, 일반적으로는 지인의 소개 등으로 수신자와 친분을 쌓는 편이 더 효과적입니다. 아무 관계도 없는 회사(cold prospect)로 보내는 메일(cold email)은 쓰기가 꽤 어렵습니다.

영어 _ □ ✕

Jack, do you have 10 minutes this week?

Hi Jack,

Jess reaching out from YYY company. I found your name through LinkedIn. I was looking at your profile and I am very impressed with your accomplishments.

We help companies develop, manage and scale their content strategies. In the past year, we've worked with companies like ZZZ to help them win new business and awards and were thinking we might be able to help you as well.

I don't know if this is of interest to you, but if it is, I would love to schedule a brief 10-minute call to learn more about how we can meet your needs. I'm free all next week. I can also hook you up with a Bluetooth speaker leftover from an event.

Regards,
Jess Fukushima

● **reach out from** ~에서 연락하다 / **scale** ~을 확대하다

019

처음 만나는 상대와의 세일즈 2
Requesting a Sales Meeting 2

우리말	_ □ ×

제목

가까운 시일 내에 만나 뵙고 싶습니다: 마쓰이 팀

인사·용건

야스다 아이리 님께

안녕하세요, GGG 컴퍼니의 마쓰이 팀입니다. 아직 직접 만난 적은 없지만, 저도 도쿄 마케팅 클럽의 회원입니다.
CRM 경비 절감과 관련하여 저희가 도움을 드릴 수 있을 듯하여 연락드립니다.

본문·세부 내용

CRM 소프트웨어 시장의 상위 5개 기업과 비교하면, 저희는 한 달에 300달러 더 저렴한 가격으로 중소기업에 필요한 모든 기능을 제공해 드립니다.

마무리·후속 조치

한 번 검토해 주신다면 감사하겠습니다. 조만간 도쿄 마케팅 클럽에서 뵙겠습니다.

감사합니다.
마쓰이 팀 드림

A 🔗 ☺ 🖼   Send   Save   Cancel

만난 적은 없지만 같은 클럽이나 단체에 속해 있는 회원에게 보내는 메일입니다. 같은 클럽에 소속되어 있으니 심리적으로는 가깝다고 느낄 수도 있습니다. 본문에서 자사에 대해 소개한 뒤 마무리 파트에서는 클럽에서 만나기를 바란다고 말하고 있습니다. 비즈니스와 개인적 관계를 적절하게 활용하고 있는 모습입니다.

Hope to meet you: Tim Matsui

Dear Ms. Airi Yasuda,

Hi, I'm Tim Matsui, from GGG Company. I don't think we've met yet, but we're both members of Tokyo Marketing Club.

I'm contacting you because I might be able to help you reduce your CRM costs.

Compared to the top five CRM software providers in the market, we are more than $300 cheaper per month, while still providing all the features smaller businesses need.

Thanks in advance for considering this, and I hope to meet you in person at Tokyo Marketing Club soon.

Sincerely,
Tim Matsui

● CRM = customer relationship management / feature 기능/ in person 직접

020

주문 확인
Confirming an Order

우리말	_ □ ×

제목

주문 확인

인사 · 용건

담당자님께

이 메일은 **CSR Success**(카탈로그 번호 12345) 200권 주문을 확인하기 위해 드리는 메일입니다.

본문 · 세부 내용

100권은 알링턴 사무실로, 나머지 100권은 리치몬드 사무실로 보내주세요. 8월 1일부터 시작하는 프로젝트에 필요합니다.

마무리 · 후속 조치

그때까지 배송을 보장받기 위해서는 특급 배달료 20달러가 필요하다는 사실을 잘 알고 있습니다. 8월 1일까지 배송이 불가능하다면, 바로 알려주시기를 부탁드립니다.

감사합니다.
오쿠무라 조 드림

A 🔗 ☺ 🖼

Send   Save   Cancel

○ 인터넷으로 주문한 물품을 확인하기 위해 보내는 메일입니다. 용건 파트에서 주문 확인을 하고, 본문에서는 상세한 내용을 설명하고 있습니다. 받는 장소가 두 곳 이상이거나 주문 내용이 조금이라도 복잡하면 문제가 발생하지 않도록 적극적으로 확인하는 것이 좋습니다. 마무리 파트에 있는 '그때까지 배송이 불가능하다면 바로 알려주세요.'는 자주 쓰는 표현이니 꼭 기억해두시길 바랍니다.

영어	_ □ X

Confirmation of my Order

Dear Sir/Madam,

This email is to confirm my internet order of 200 copies of CSR Success, catalog #12345.

Please ship 100 copies to the Arlington office and 100 to the Richmond office. We must have them for a project that begins August 1.

I understand that the expediting fee to guarantee delivery by that date will be $20.00. Please notify me immediately if delivery cannot be made before August 1.

Sincerely,

Joe Okumura

021

긴급 발송 요청
Urgent Delivery Request

우리말   _ □ ×

제목	긴급 발송 요청

인사 · 용건

멜리사 존스 님께

귀사에 이번 달 15일까지 자료 배송을 부탁드렸습니다. 예상 외로 프로젝트가 상당히 빨리 진행되고 있습니다.

본문 · 세부 내용

그래서 주문한 자료를 최대한 빨리 배송해 주셨으면 합니다. 긴급 배송에는 추가 요금이 붙는다는 사실도 잘 알고 있습니다.

마무리 · 후속 조치

저의 요청을 받아주실 수 있는지 답장으로 확인시켜 주신다면, 최악의 사태는 피할 수 있을 것 같습니다. 배려에 정말로 감사드립니다.

안녕히 계세요.
안나 리 드림

A 🔗 ☺ 🖼   Send   Save   Cancel

○ 앞서 부탁한 일을 예정보다 더 빨리 처리해달라고 요청하고 있습니다. 전체적으로 정중한 어조로 쓰였습니다. 먼저 무슨 일인지 밝히고, 본문에서 최대한 빨리 보내주기를 부탁하며, 추가 요금도 지불한 의향이 있음을 나타내고 있습니다. 후반부에서는 메일에 대한 답변을 요구하며 다시 한번 도와달라고 요청하는 말로 글을 맺고 있습니다.

Urgent Delivery Request

Dear Melissa Jones,

We requested you to deliver the material by the 15th of this month. Unexpectedly, the project that we are working with is proceeding very quickly.

As such, I would like you to deliver the requested material as early as possible. We assure you that you will be paid the additional fee for urgent delivery.

Please kindly reply and confirm if you can do this for me and save me from the worst consequences. Thank you so much for your consideration.

Sincerely,
Anna Li

022

신규 계약에 대한 감사 인사
Expressing Appreciation for a New Contract

우리말   _ □ ✕

제목	계약 체결에 대한 감사 인사

인사 · 용건

존슨 님께

올해 디지털 마케팅 운영과 관련하여 TTT사를 선택해 주셔서 감사드립니다. 저희는 10년 넘게 디지털 마케팅 서비스를 제공해왔으며, 성실함과 효율성에서 좋은 평가를 받고 있습니다.

본문 · 세부 내용

당사의 디지털 마케터는 오랜 경험을 쌓아왔으며 새로운 트렌드에도 정통해 있습니다. 저희는 가능한 한 완벽하고 최신의 서비스를 제공하는 데 주력하고 있습니다.

마무리 · 후속 조치

현재 그리고 앞으로도 귀사의 디지털 마케팅과 관련된 요구 사항이 있으시면, 저희에게 언제든 말씀해 주세요.

더 자세한 정보가 필요하시면, 편하게 연락 주세요.

안녕히 계세요.
야마나카 야스 드림

A ⬗ ☺ ☒   Send   Save   Cancel

계약이 성사되어 비즈니스 파트너로 선택받은 점에 대해 감사 인사를 하는 상황입니다. 회사의 장점을 다시 한번 소개하고, 고객에게 어떤 자세와 서비스로 대응할지 설명하고 있습니다. 또 "Please feel free to contact me if you need further information.(더 자세한 정보가 필요하시면 언제든 연락 주세요.)"라는 긍정적인 표현으로 글을 맺고 있습니다.

Thank you for your business

Dear Mr. Johnson,

Thank you for selecting TTT Company to manage your digital marketing this year. Our firm has provided digital marketing services for over ten years and has built a reputation of integrity and efficiency.

Our digital marketers have many years of experience and stay current with all new trends. We are dedicated to providing you with the most thorough and up-to-date service possible.

We hope that you will feel comfortable turning to us for any of your digital marketing needs now and in the future.

Please feel free to contact me if you need further information.

Best regards,
Yasu Yamanaka

● integrity 성실함, 진실성 / be dedicated to ~ ~에 전념하다 / thorough 완벽한, 철저한

023

구매에 대한 감사 인사
Expressing Appreciation for an Order

	우리말 _ □ ×
제목	주문해 주셔서 감사합니다

인사 · 용건

엘리 애슐리 님께

최근 주문해 주셔서 감사 인사를 드립니다. 이 업계에는 아시다시피 많은 경쟁 기업이 있습니다. 귀하와 같은 단골 고객님이 계셔서 저희가 업계 1위를 유지하고 있습니다.

본문 · 세부 내용

저희 회사와 판매 조건에 대한 설명이 기재된 첨부 브로슈어를 살펴보세요. 판매부장인 히요시 리나 씨가 약속을 잡기 위해 다음 주에 전화드릴 예정입니다. 그때 저희 제품에 대해 더 상세히 설명드리고 질문에 대한 답변도 하겠습니다.

마무리 · 후속 조치

항상 도움을 주셔서 감사합니다.

잘 부탁드립니다.
노무라 준코 드림

Send   Save   Cancel

발주해 준 고객에게 감사 인사를 할 목적으로 쓴 메일입니다. 용건 파트에서 고객에게 감사하는 마음을 전하는 한편, 첨부 브로슈어를 소개하며 판매담당자가 나중에 연락할 것이라고 말하고 있습니다. 매우 간단한 내용이지만, 고객에게 감사 인사를 하는 메일로는 적절한 형식이라고 할 수 있습니다.

Thank you for your recent order

Dear Ms. Elly Ashley,

I just wanted to send you a note of thanks for your recent order. In our industry, it's obvious that there's a lot of competition. It's loyal customers like you that keep us at the top of the industry.

Please take a look at the attached brochure that describes our company and terms of sale. Our sales manager, Rina Hiyoshi, will call you next week to set up an appointment. At that time, she can explain our products more fully and answer any questions you might have.

Thank you for your ongoing support.

Sincerely,
Junko Nomura

● competition 시합 상대 / ongoing 계속 진행 중인

024

주문 취소
Order Cancellation

	우리말 _ □ ×
제목	주문번호 88888의 취소
인사·용건	담당자님께
	주문번호 88888을 취소하고 전액 환불 요청함을 정식으로 알려드리고자 이 메일을 보냅니다.
본문·세부 내용	주문 총액은 148달러입니다. 8월 13일에 주문한 건입니다. 청구서 복사본을 첨부했습니다.
마무리·후속 조치	이 일에 관심을 가져주셔서 감사합니다. 취소 확인서를 보내주시고, 영업일 기준 10일 내에 전액 환불도 부탁드립니다. 문의 사항이 있으시면, info@cmlanguage.com으로 메일을 보내시거나 555-555-5555로 연락 주세요.
	감사합니다.
	쓰카하라 리나 드림

A 🔗 ☺ 🖼

Send   Save   Cancel

○ 제품 구입을 메일로 취소할 때 활용할 수 있는 예시입니다. 용건 파트에서 취소와 전액 환불을 부탁하며, 그 처리를 돕기 위해 주문번호를 알려주고 있습니다. 본문에서 주문 금액과 날짜 등 세부 사항을 언급하며 청구서를 첨부했음을 알리고, 뒷부분에서는 서면 확인서를 보내줄 것과 기일 내에 환불해 줄 것을 한 번 더 요청하고 있습니다.

영어   _ □ ✕

Cancellation of order number 88888

Dear Sir/Madam,

This letter is to formally inform you that I am canceling order number 88888 and request a full refund.

The amount of the order is $148. I placed the order on August 13. Attached is a copy of the invoice.

Thank you for your attention to this matter. I expect written confirmation of this cancellation from you and to see a full refund within 10 working days. If you have any questions, I can be reached at info@cmlanguage.com or at 555-555-5555.

Sincerely,
Rina Tsukahara

025

기한 한정 할인 안내
Notifying of a Limited-time Discount

우리말 　　　　　　　　　　　　　　　　　　　　　　　　　　 _ □ ×

제목

사무용품의 새로운 할인 안내

인사·용건

오타 님께

저희 제품을 이용해 주시는 고객님들께 사무용품의 새로운 할인을 안내드립니다.

본문·세부 내용

오랜 기간 애용해주시는 고객님들께 20퍼센트 특별 할인을 준비했습니다. 이 할인은 한정된 고객님께 특별히 제공됩니다.

이번에 소개할 것은 저희 회사가 자신감을 갖고 마련한 최신 시리즈로, 당사의 팀이 비즈니스 효율성, 쾌적함, 스타일을 고려하면서 디자인했습니다.

마무리·후속 조치

가능하면 빠른 시일 내에 주문해 주세요. 특가 할인 이용과 함께 특별 사은품도 준비했습니다.

잘 부탁드립니다.

미쉘 웡 드림
베스트 오피스 컴퍼니

A 🔗 ☺ 🖼　　　　　　　　　　Send　　Save　　Cancel

○ 단골 고객에게 기한 한정 할인을 안내하고 있습니다. 서두에서 할인에 관한 내용을 간결하게 언급하고, 본문에서 세부 사항을 설명합니다. 구체적인 할인율을 알려주면서 고객의 관심을 높이고 있습니다. 또 할인이 누구에게나 적용되는 것이 아님을 언급하여 수신자가 특별하다는 뉘앙스를 풍깁니다. 마지막으로 이 기회를 놓치지 말라고 말하는 동시에 또 다른 특전도 소개하면서 구매 의향을 고취시키고 있습니다.

영어   _ □ ✕

New Offer on Office Appliances

Dear Mr. Ota,

As your business associate, it is our great pleasure to inform you about the new offer we are giving on office appliances.

As our customer of many years, you can benefit from this offer at a special discount of 20%. This offer is only valid for special customers like you.

It gives us great pleasure to inform you that this latest series has been designed by our team keeping in mind business efficiency, comfort, and style.

We request you to kindly order at the earliest, so that you can take advantage of the wonderful discount and also get an additional special gift from us.

Sincerely,

Michelle Wong
Best Office Company

● be valid 유효하다 / keep in mind ~을 염두에 두다 / at the earliest 가능한 한 빨리

026

회의 후 연락
Contacting After a Meeting

	우리말 _ □ ×
제목	사업 제안 회의 후 연락
인사 · 용건	질렛 님께 2022년 6월 7일 귀사에서 열린 사업 회의와 관련해 이 메일을 보냅니다.
본문 · 세부 내용	우리는 귀사에 고객 서비스 소프트웨어를 도입하는 건과 관련하여 회의를 했습니다. 저희 YYY 소프트웨어 코퍼레이션은 고객 서비스 툴 제공을 전문으로 하고 있습니다. 지난번 회의에서는 저희의 견적과 귀사의 요청 사항에 대해 이야기를 나눴습니다. 빨리 결론을 내고 싶다고 말씀하셨기에 결정을 하셨는지 여쭤보고 싶습니다.
마무리 · 후속 조치	귀사에서 결정한 바가 있다면, 알려주시면 감사하겠습니다. 추가 정보가 필요하시면 편하게 말씀해 주세요. 잘 부탁드립니다. 하라다 게이스케 드림 고객 마케팅 매니저 YYY 소프트웨어 코퍼레이션

A 🖉 ☺ 🖼   Send   Save   Cancel

회의 후 상대방의 결정 사항에 관해 물어보는 메일입니다. 이런 메일을 보내면 상대 방의 결정이 빨라질 수도 있고, 이미 답을 낸 경우에는 그 결과를 들을 수 있겠지요. 어떤 경우든 사업 진행 속도를 높일 수 있습니다. 먼저 지난 회의에 대한 기억을 상기시키고, 본문에서는 현재 상황을 물어보며, 마무리 부분에서는 필요한 것이 있다면 편하게 연락 을 달라고 말하는 식으로 전개하고 있습니다.

Follow up of business proposal

Dear Mr. Gillet,

This email is in regard to the business meeting that we had at your office on June 7, 2022.

We had a meeting with you regarding providing customer service software to your organization. We, YYY Software Corporation, specialize in providing customer service tools. In regard to that, we had discussed our quotation and the requirements of your organization. You had said that you would take a decision shortly. So we would like to know whether you have taken any decision.

It would be great if you could inform us about the decision. In case you need any more information from our end, please let us know.

Sincerely,

Keisuke Harada
Customer Marketing Manager
YYY Software Corporation

027

응답이 없을 때 하는 대처 연락
Requesting a Response

	우리말 _ □ X
제목	브로슈어 요청: 스기야마 단
인사 · 용건	사이먼 님께

몇 주 전 귀사의 온라인 보안 시스템에 관한 브로슈어를 요청했지만, 아직 답변을 받지 못했습니다.

본문 · 세부 내용

귀사의 새 시스템이 큰 호평을 받고 있다고 들었습니다. 저희에게도 적합한지 진지하게 검토해 보고 싶습니다.

마무리 · 후속 조치

먼저 귀사의 브로슈어를 살펴보고 나서 시연을 부탁하고 싶습니다.

답변을 기다리겠습니다. 감사합니다.

안녕히 계세요.
스기야마 단 드림

Send   Save   Cancel

브로슈어 요청 후 아무 연락도 받지 못했을 때, 자료를 재촉하는 메일입니다. 용건 파트에서 그 내용을 한 문장으로 정리했으며, 본문에서는 재촉하는 이유와 배경을 설명하면서 상대방의 제품에 대한 기대감을 내비치고 있습니다. 마무리 부분에서는 브로슈어를 보고 난 후의 계획을 언급하며 답변을 요청합니다. 비즈니스 현장에서 요청받은 일을 잊어버리는 경우도 생깁니다. 그럴 때 이런 예시를 참고할 수 있습니다.

영어 _ □ ✕

Request for a brochure: Dan Sugiyama

Hi Simon,

Several weeks ago I requested a brochure for your online security systems, but have not received a reply.

I have heard a lot of positive feedback about your new system, and am eager to determine whether it would be appropriate for our needs.

I would like to study your brochure first, and then arrange a demonstration.

I'm looking forward to hearing from you. Thank you!

Best regards,
Dan Sugiyama

028

관계 형성을 위한 메일
Mailing to Build a Relationship

	우리말 _ □ X
제목	축하드립니다! 미타니 제스로부터
인사·용건	줄리아 님께 마케팅 부문의 전무이사로 취임하신 것을 축하드립니다. LinkedIn 프로필을 보고, TTT에서 놀라운 성과를 내며 경력을 쌓아 오셨음을 알게 되었습니다.
본문·세부 내용	브랜드 마케터들에게 메시지를 전하실 때 제가 도움을 드릴 일이 있다면, 꼭 저에게 적합한 담당자를 소개해 주세요. 제가 이사님의 팬이라서 도와드리고 싶습니다.
마무리·후속 조치	팀에 PR이나 콘텐츠 담당자가 있으신가요? 잘 부탁드립니다. 미타니 제스 드림

Send   Save   Cancel

○ 이 메일은 SNS 등을 통해서 연락처를 알아내 상대방과의 관계를 구축하려는 목적으로 썼습니다. 서두에서 어디서 연락처를 얻었는지 말하고, 본문에서 상대방에게 도움을 주고 싶다는 뜻을 전합니다. 그러고 나서 자신의 일과 관련 있는 분야의 담당자가 있는지 물어보고, 담당자를 소개해달라고 부탁합니다. 세일즈 메일의 한 종류이지만, 직접 제품을 판매하는 내용은 아니므로 조금 특이한 예문이라고 할 수 있습니다.

영어 　　　　　　　　　　　　 _ □ ✕

Congratulations! From Jess Mitani

Hi Julia,

Congratulations on your new role as **EVP Marketing**. Based on your LinkedIn profile, it looks like you've done an amazing job developing your career at TTT.

If there are ways I can help you get your message out to my network of brand marketers, please connect me with the right people. I'm a fan and I want to help.

Do you have a PR or content person on your team?

Regards,

Jess Mitani

● executive vice president 전무 이사

029

만난 적 있는 사람에게 하는 연락
Mailing after a Networking Event

우리말 _ □ ×

제목
만나서 즐거웠습니다

인사 · 용건
멜로디 님께

어젯밤 마케팅 네트워킹 행사에서 만나 뵈어 영광이었습니다.

본문 · 세부 내용
앞으로 연락하며 지낼 수 있도록 간단한 메일을 보내 LinkedIn 초대를 하고 싶었습니다.

마무리 · 후속 조치
그리고 당신에게 도움이 될지도 몰라서 소개해 드린 웹사이트는 https://www.cmlanguage.com입니다. 도움이 되었으면 좋겠습니다. 또 다음 행사에서 만나길 바랍니다!

안녕히 계세요.

히요시 리나 드림
ABC 컨설팅

A 🔗 😊 🖼

Send Save Cancel

○ 행사 등에서 알게 된 사람에게 보내는 메일로, 서두에서 전날 만나서 영광이었다고 말하고 있습니다. 본문에서는 앞으로 계속 연락을 하고 싶어 LinkedIn 등 SNS 초대 메시지를 보낸 사실을 언급합니다. 또 뒷부분에서는 전날 대화에서 언급한 웹사이트 링크를 안내합니다. 조금이라도 상대방에게 도움이 되는 정보가 있다면 공유하는 것이 관계를 구축하는 방법 중 하나입니다.

영어 _ □ ✕

Great talking with you

Hi Melody,

It was a pleasure meeting you last night at the marketing networking event.

I just wanted to send a quick email and LinkedIn invite to keep in touch.

Oh, and that website I mentioned that might be useful to you is https://www.cmlanguage.com. Hope that helps. See you at the next event!

Kind regards,

Rina Hiyoshi
ABC Consulting

030

가격 인상 알림
Informing of a Price Increase

	우리말 _ □ X
제목	9월 1일부터 시행되는 가격 조정
인사 · 용건	캐서린 님께 2021년 9월 1일부터 당사의 월정액 요금이 28달러에서 35달러로 인상됨을 알려드립니다.
본문 · 세부 내용	하지만 저희 회사와의 오랜 인연에 감사를 표하고자 귀사를 적용에서 제외했으며, 따라서 2022년 2월 1일까지 현재 가격으로 이용하실 수 있습니다. 다시 말해 인상이 시작되기까지 5개월이 남았습니다.
마무리 · 후속 조치	본사의 발전에 도움을 주셔서 감사합니다. 앞으로도 함께 일할 수 있기를 기대하겠습니다. 안녕히 계세요. 와타나베 닉 드림

Send   Save   Cancel

고객사에 월정액 요금이 인상된다는 사실을 알리고 있습니다. 말하기 어려운 내용이지만, 솔직하게 안내하고 있다는 점이 인상적입니다. 이 메일에서는 장기 고객에 대한 우대 조치로 몇 개월간은 요금을 현 상태로 유지하는 유예기간을 줄 계획이라고 언급하고 있습니다. 이런 메일에서도 마지막은 "Sorry for ~"가 아니라 "Thanks for ~"라는 긍정적인 말투로 끝맺는 것이 좋습니다.

영어 _ □ ✕

Adjusting Pricing on September 1

Dear Katherine,

I'm writing to let you know that as of September 1, 2021 our monthly rates will be increasing from $28 to $35.

However, to thank you for your longstanding relationship with us, your firm will be grandfathered in and will be able to keep the current rate until February 1, 2022—that's an extra five months before the rate increase kicks in.

Thanks for helping make us a success, and we look forward to continuing to work with you.

Sincerely,
Nick Watanabe

● adjust ~을 조정하다 / kick in 시작되다

031

새로운 담당자 소개
Introducing a New Point of Contact

	우리말 _ ☐ ✕
제목	새로운 담당자 소개: 가와시타 요코
인사 · 용건	설리번 님께 1월 15일부터 새로운 담당자가 되는 가와시타 요코 씨를 소개하기 위해 연락드렸습니다. 참고하시면 좋을 듯하여 그녀의 메일 주소를 이 메일의 참조에 넣었습니다.
본문 · 세부 내용	요코 씨는 7년간 ABC 컨설팅에서 근무했으며, 영업부에서 많은 일을 성공적으로 해냈습니다. 저희는 그녀의 열의와 프로의식을 깊이 신뢰합니다.
마무리 · 후속 조치	그녀가 인사를 드리러 가는 일정 건으로 연락드릴 것입니다. 그때 귀사에 대해 더 자세히 알게 되겠지요. 만약 그전에 이번 변경에 관해 궁금하거나 우려되는 바가 있으시면, 편하게 연락주세요. 그녀의 번호는 555-555-5555입니다. 신뢰할 수 있는 담당자로 인계되어 다행스럽게 생각하며, 귀사의 지속적인 발전을 기원하겠습니다. 잘 부탁드립니다. 사사키 히로미 드림

A ⫯ ☺ 🖼   Send   Save   Cancel

담당자가 새롭게 바뀌었음을 알리고, 새 담당자를 소개하고 있습니다. 제목에 새 담당자의 이름을 쓰면 상대방이 메일의 목적이나 내용을 이해하기 쉽습니다. 용건 파트에서 언제부터 새로운 사람이 업무를 담당하게 될지 말하고, 본문에서는 인물에 대해 간단히 소개합니다. 마지막으로 그녀가 만남을 요청할 것이라는 사실을 미리 알려주고 있습니다. 메일을 보낼 때 새 담당자의 메일을 참조로 넣는 방법도 좋습니다.

Introducing your new point of contact: Yoko Kawashita

Dear Ms. Sullivan,

I wanted to reach out to introduce Yoko Kawashita as your new point of contact as of January 15, and have copied her on this email for your reference.

Yoko has been with ABC Consulting for seven years and has successfully managed her tasks in our sales department. We are all confident about Yoko's enthusiasm and professionalism.

Yoko will be reaching out to schedule a follow-up conversation and to get to know you better, however, if you have any questions or concerns related to this change ahead of that time, please don't hesitate to ask. She can be reached at 555-555-5555.

I trust that I am leaving you in good hands and wish you continued success.

Best regards,
Hiromi Sasaki

● reach out 연락을 취하다 / ahead of ~ ~의 앞에 / in good hands 잘 관리되는, 안심할 수 있는

017 사업 소개

🡒 94쪽 참조

인사 · 용건

> 저는 낸시 고든이라고 합니다. 현재 YY 테크놀로지에서 비즈니스 개발 부문에서 일하고 있습니다. 저희는 최근 온라인 콘텐츠 개발과 관련하여 새로운 솔루션을 출시했습니다.
>
> **I'm Nancy Gordon and I lead the business development efforts at YY Technologies. We have recently launched a new solution for online content development.**

● launch ~을 출시하다, 개시하다

본문 · 세부 내용

> 귀사의 온라인 콘텐츠 매니지먼트 책임자와 이야기를 나누고 싶습니다.
>
> **I'd like to speak to someone from your company who is responsible for online content management.**

마무리 · 후속 조치

> 시간을 내주시면 귀사에 특화된 견본에 관해 상세한 설명을 드리고자 합니다. 다음 주에 뵐 수 있을까요?
>
> **I'd love to set up a time to walk you through a personalized demo. Will you have some free time next week to connect?**

● walk A through B A를 B를 설명하다 / connect 만나다

> 내일 오전 9시 혹은 오후 4시에 전화로 이 건에 대해 더 자세한 이야기를 나눌 수 있을까요?
>
> **Are you free for a call tomorrow at 9 am or 4 pm to discuss this further?**

018 **처음 만나는 상대와의 세일즈 1**

● 96쪽 참조

> 한 달에 4,200시간의 노동 시간을 줄이는 데 관심 있으신가요?

Are you interested in saving your company an extra 4,200 hours of work a month?

> 당사의 사례 연구를 꼭 직접 확인해 보시기를 바랍니다.

Check out some of our case studies to see for yourself.

> 또 저희 회사의 서비스에 관한 정보를 제공하는 링크도 보내드리겠습니다.

I've also included a couple of links that provide more information about our service.

> 귀사에 도움을 드릴 수 있는 방안에 대해 이야기 나눌 시간을 내주신다면 감사하겠습니다.

I'd love to schedule a time to chat and show you how we can better your company.

> 저희의 제안이 귀사가 현재 관심을 두고 있는 사안이 아니거나 현 시점에서는 저희가 귀사에 맞지 않다고 생각하실 수도 있습니다.

If this isn't something that you are currently addressing, or you don't believe we are a fit right now, I understand.

● address 고심하다, 몰두하다

> 만약 귀사의 현 상황을 훨씬 더 나은 방향으로 바꿀 수 있다고 생각하시면, 이번 주에 15분 정도 이야기를 나눠보고 싶습니다. 이번 주 일정이 어떻게 되시나요?

If this sounds like something that will make your life a whole lot better, let's chat for 15 minutes this week. How does your calendar look this week?

019 처음 만나는 상대와의 세일즈 2　⊙ 98쪽 참조

인사·용건

> 영업부장으로서 이 통계 자료를 흥미롭게 여기실 거라고 생각합니다.

As the Head of Sales, I thought you might find these statistics interesting.

● statistics 통계 자료

본문·세부 내용

> 귀사의 고객 지원 매니저에게 연락하여 현재 귀사의 지원 프로세스에 관해 이해하고, 당사가 어떻게 귀사의 가치를 높일 수 있을지 제안을 드리고 싶습니다.

I would love to connect with your Customer Support Manager to understand your current support processes and suggest how we can add value to your company.

마무리·후속 조치

> 귀사의 비즈니스 발전에 기여하고 함께 일할 수 있기를 바랍니다. 그러니 커피라도 마시면서 이야기 나눌 기회를 주신다면 감사하겠습니다.

I would appreciate the opportunity to meet you over coffee as I believe I could be of value to your business and would love to work with you.

● be of value 가치가 있다

> 금요일에 15분 정도 만나 뵐 수 있을까요?

Are you available for a 15-minute meeting on Friday?

020 **주문 확인**

○ 100쪽 참조

인사 · 용건

> 어제 전화로 주문한 건에 대한 확인 메일입니다.

This email is meant to serve as confirmation of the order I placed on the phone yesterday.

본문 · 세부 내용

> 다시 한번 확인하고 싶습니다. 명찰 다섯 박스, 코드 번호 1234를 주문했습니다. 배송지는 도쿄도 미나미 아오야마 1-1-1입니다.

I would like to reconfirm. I requested five boxes of name cards, code number 1234. The order is to be delivered to 1-1-1 Minami Aoyama, Tokyo.

마무리 · 후속 조치

> 배송에는 3~4일이 걸리며, 주문한 상품을 받는 즉시 대금을 지불하는 것으로 알고 있습니다. 감사합니다.

It is my understanding that the delivery will take 3–4 days and that I will have to complete the payment upon receipt of the items. Thank you.

● upon receipt of the items 상품을 받는 즉시

> 배송을 빨리해주셨으면 좋겠습니다. 조기 발송이 가능한지 알려주세요.

We would prefer an earlier delivery so please let us know if the items become available for earlier shipment.

● shipment 발송

PART 2 비즈니스 영어 이메일

CHAPTER 3 세일즈

021 **긴급 발송 요청**

● 102쪽 참조

인사·용건

> 긴급한 용건입니다!

Your immediate attention, please!

본문·세부 내용

> 이번 주말까지 첨부 파일에 기재된 상품을 보내주셨으면 합니다.

I am hoping that you can send us the items I have listed in the document attached by the end of this week.

마무리·후속 조치

> 바로 답변을 주시면 매우 감사하겠습니다.

We sincerely appreciate your rapid response.

> 저희의 급한 부탁을 들어주실 수 있다면, 123-4567로 전화주세요. 감사합니다.

Please give me a call at 123-4567 if you can accommodate this urgent request. Thank you.

● accommodate ~을 받아들이다, ~을 수용하다

022 신규 계약에 대한 감사 인사

● 104쪽 참조

인사 · 용건

> 귀사와 함께 일할 수 있는 기회를 주셔서 감사합니다.

Thank you for giving us the opportunity to serve you.

> 귀사와 함께 일할 기회를 주시고 저희를 신뢰해 주셔서 감사드립니다.

We appreciate your business and the confidence you have placed in us.

> 귀사에 감사 인사를 전하고자 연락드렸습니다.

Just a short note to express our gratitude for your business.

본문 · 세부 내용

> 저희는 가능한 한 완벽하고 최신의 서비스를 제공하는 데 주력하고 있습니다. 귀사의 요구 사항을 충족시킬 수 있다고 자신합니다.

We are dedicated to providing you with the most thorough and up-to-date service possible. I am here to make sure that we are meeting your needs.

마무리 · 후속 조치

> 당사를 믿어주셔서 감사합니다. 서로에게 이익이 되는 협업이 되기를 기대합니다.

Thank you for having faith in our organization. I look forward to a mutually beneficial association.

> 저희의 실적과 앞으로 저희가 제공할 수 있는 것에 대해 질문이 있으시면, 전화주세요.

Please call me if there is ever any question about something we have done or something we can do for you.

023 구매에 대한 감사 인사

◎ 106쪽 참조

인사·용건

> 얼마 전 주문해 주셔서 감사합니다.

I just wanted to send you a note of thanks for your recent order.

> 저희 제품을 구입해 주셔서 감사합니다. 고객님께서는 저희 가게에 도움을 주셨습니다.

Thank you for shopping with us. It really means a lot that you decided to support us.

본문·세부 내용

> 꼭 피드백을 받고 싶습니다.

I'd love to hear your feedback.

> 제품 ABC는 개인적으로도 좋아하는 제품 중 하나입니다. 고객님의 마음에도 들기를 바라며 감상을 들려주시기를 기다리겠습니다.

Product ABC is one of my personal favorites. I think you'll love it and I'd love to hear what you yourself think about it.

마무리·후속 조치

> 앞으로도 좋은 관계를 이어 나가고 싶습니다.

We look forward to an ongoing relationship.

> 다시 한번 감사드립니다. 필요할 때는 언제든 메일을 보내주세요.

Thank you once again, I'm just an email away whenever you need me!

024 **주문 취소**

● 108쪽 참조

인사 · 용건

> 이미 저희 직원이 귀사의 제품을 구입했다는 사실을 바로 얼마 전에 알게 됐습니다. 그래서 주문을 취소하고 싶습니다.

Please cancel the order as my colleague has already purchased them from your company, and I was unaware of it until very recently.

본문 · 세부 내용

> 이번 주 초에 주문한 인쇄용지 열 상자를 취소하고자 합니다. 주문 번호는 1234입니다.

I am writing to inform you that I would like to cancel the order for 10 boxes of printer paper which was placed earlier this week. The order number is 1234.

마무리 · 후속 조치

> 아래의 은행 계좌로 환불을 부탁드립니다.

Please send the refund amount to the bank account mentioned below.

> 번거롭게 해드려서 대단히 죄송합니다.

I am incredibly sorry for all the trouble and inconvenience caused.

PART 2 비즈니스 영어 이메일

CHAPTER 3 세일즈

025 기한 한정 할인 안내

⊙ 110쪽 참조

인사·용건

> 3년 넘게 당사의 변함없는 고객으로 있어주셔서 감사합니다.

Thank you for being a loyal client for more than three years!

본문·세부 내용

> 감사의 마음을 담아 9월 29일부터 10월 29일까지 특별 할인 행사를 준비했습니다.

To show our appreciation, we are pleased to inform you about our special promotion offered from September 29 to October 29.

> 이 할인은 모든 고객을 대상으로 하는 것이 아니라 특별한 분들께만 제공됩니다.

This offer is only valid for special customers and is not across the board.

● across the board 전반적으로, 일률적으로

> 특별한 고객님들께는 200달러 이상 주문하실 경우 20퍼센트 할인 혜택을 제공합니다.

As one of our valued clients, you will automatically have a discount of 20% on orders that totals $200 and above. ● valued 귀중한, 중요한

> 9월 17일까지 구입하시면 주문 금액의 20%를 할인해 드립니다.

If you can make your purchases by September 17, you will get a 20% discount on your order.

마무리·후속 조치

> 다시 한번 보내주신 성원에 감사드립니다. 앞으로도 저희 제품을 이용해 주시기를 바랍니다.

Once again, thank you for being an excellent client. We hope to hear from you soon.

026 **회의 후 연락**

○ 112쪽 참조

인사 · 용건

> 지난번에 뵌 이후로 2주가 지났습니다. 회의 후 첨부해 드렸던 제안서를 받으셨으리라 생각합니다.

It has been two weeks since we last met. I hope that you did receive my written proposal that I sent off after our meeting.

본문 · 세부 내용

> 말씀드린 대로 당사의 역량과 이용자의 만족도를 높이는 방안에 대한 추가 정보를 첨부했습니다.

As mentioned, I've attached more information about our resources and how we can help you boost user satisfaction.

● boost ~을 상승시키다

> 저희의 제안에 관해 추가 질문이 있으신가요?

Have you given any additional thought to my proposal?

마무리 · 후속 조치

> 궁금하거나 우려되는 사항이 있으시면 편하게 말씀해 주세요.

Please do not hesitate to voice any questions or concerns.
● voice (불만) 등을 말로 나타내다

> 이번 주 중에 전화로 더 많은 이야기를 나눌 수 있을까요?

Would you be able to schedule a call sometime this week to discuss more?

> 동일한 비즈니스 문제를 경험했던 고객을 소개해 드릴 수도 있습니다.

I can also introduce you to a few of our customers that were experiencing the same business challenges.

027 응답이 없을 때 하는 대처 연락

● 114쪽 참조

인사 · 용건

> 당사의 전문 지식과 귀사의 사업 목표가 서로 합치하는지 확인하고 싶어 연락드렸습니다.
>
> I have tried to get in touch with you to see if there is a mutual fit between our company's expertise and your business goals.

본문 · 세부 내용

> 관심이 없으시거나 다른 분이 담당하신다면, 저에게 알려주시면 감사하겠습니다.
>
> If you are not interested or there is another person you would like me to follow up with, please let me know.

마무리 · 후속 조치

> 이 메일을 읽으신 후 확인 연락을 주시면 감사하겠습니다. 555-5555로 전화 주세요.
>
> I would be very pleased to receive confirmation when you have read my email. You may reach me at 555-5555.

> 다음 주 화요일까지 처음 제안에 관한 피드백을 모두 주실 수 있을까요?
>
> Please can you return all feedback on the initial proposal by next Tuesday?

028 관계 형성을 위한 메일

○ 116쪽 참조

> 웹사이트를 통한 거래를 더 늘리는 방법을 찾고 계신가요?

Are you looking for a way to generate more business through your website?

● generate 발생시키다, 만들어 내다

> LinkedIn에서 당신의 이름을 보고 승인 요청을 보냈습니다. 만약 기회가 있다면, 저의 요청을 받아주신다면 감사하겠습니다.

After coming across your name on LinkedIn, I sent you a connection request. If you get the chance, I would be honored if you would accept.

> 시간이 있으시면 귀사에 방문하여 저희 제품과 서비스에 관한 정보를 전해드리고 싶습니다.

If you have a few moments, I would love to stop by and drop off some information regarding our products and services.

● drop off ~ 건네다

> 메일을 읽어주셔서 감사합니다. 앞으로 함께 일할 기회가 있기를 바랍니다!

Thank you for taking the time to read my email. I hope we cross paths in the future!

● cross paths 만나다

029 만난 적 있는 사람에게 하는 연락 ◐ 118쪽 참조

인사·용건

> 11일 크라운 마케팅 콘퍼런스에서 만나 뵈어 정말 즐거웠습니다.

It was really nice meeting you at the Crown Marketing Conference on the 11th.

> 최근 마케팅 트렌드에 관해 이야기를 나누며 즐거운 시간을 보냈지요.

I had a great time chatting with you about recent marketing trends.

본문·세부 내용

> LinkedIn을 보고 디지털 마케팅에 관한 책을 쓰셨다는 사실을 알게 되었습니다. 그것은 제가 회사에서 맡고 있는 프로젝트와 일치합니다.

I noticed on your LinkedIn that you're working on a book about digital marketing—that's a project I'm currently heading up at my company.

● head up ~ 이끌다, 지휘하다

마무리·후속 조치

> 혹시 시간이 있으시면, 커피라도 마시며 직접 더 많은 이야기를 들어보고 싶습니다.

If you've got time, I'd love to meet for coffee and hear more in person.

● in person 직접

> 함께 일할 수 있는 방법을 찾아 기대가 됩니다.

I'm excited to find a way to work together.

030 **가격 인상 알림**

○ 120쪽 참조

인사·용건

> 지난 5년간 귀사와 거래를 지속할 수 있어 정말 감사했습니다.

We are pleased to have been in business with you for the past five years.

본문·세부 내용

> 특별한 서비스를 계속 제공하기 위해 7월 1일부터 당사의 모든 제품 가격을 인상할 예정입니다.

In order to continue providing exceptional service, we'll be increasing the rates on all our products effective July 1.

● exceptional 특별한, 뛰어난 / effective ~을 기하여, 유효한

> 5월 5일부터 당사의 모든 제품 가격을 10퍼센트 인상할 예정입니다.

With effect from May 5, we shall have to increase prices by 10% on all our products.

● with effect from ~ ~부터 유효한

마무리·후속 조치

> 귀사의 협조를 부탁드리는 동시에 앞으로도 오랫동안 거래를 이어 나갈 수 있기를 바랍니다.

We look forward to your cooperation in the process and hope to continue being in business with you in more years to come.

> 가격 인상과 신제품에 대한 질문이 있으시면, 언제든 저에게 말씀해 주세요.

If you have any questions about the price increase or our new products, please don't hesitate to let me know.

031 새로운 담당자 소개

● 122쪽 참조

인사·용건

> 새 담당자인 가와시타 요코 씨를 소개해 드릴 수 있어 다행스럽게 생각합니다.
>
> **We are pleased to introduce you to Yoko Kawashita, your new account representative.**

● account 거래처, 고객

> 이번 인수인계를 순조롭게 하기 위해 제가 직접 요코 씨를 소개해 드리고자 합니다.
>
> **Because I want this transition to be seamless for you, I would personally appreciate introducing Yoko to you.**

● transition 이행, 변화 / be seamless 매끄러운, 순조로운

본문·세부 내용

> 요코 씨는 훌륭한 인재이며 뛰어난 전문가입니다.
>
> **Yoko is a fine person and a real professional.**

> 요코 씨는 이 업계에서 10년 동안 경험을 쌓아왔습니다.
>
> **Yoko has had ten years of experience in our industry.**

마무리·후속 조치

> 편하신 때로 약속을 잡기 위해 전화를 드리겠습니다.
>
> **I will call to arrange a convenient appointment.**

> 질문이 있으시면, 그녀가 친절하게 답변해 줄 것입니다.
>
> **She will be happy to answer any questions you might have.**

감사 · 불만 · 사과

● 　　　사외나 사내에서 사용하는 각종 감사 및 불만, 사과 등을 표현하는 메일입니다. 특히 불만을 표현할 때에는 상대방이 이해하기 쉽게 구체적으로 언급하고 마지막에는 희망하는 후속 조치까지 정확하게 표현하는 것이 좋습니다.

032

협력회사에 보내는 감사 인사

Expressing Appreciation for One's Cooperation

우리말   _ □ ✕

제목

협력해 주셔서 감사드립니다

인사 · 용건

오노 님께

YYY 소프트웨어를 대표하여 이번 제휴와 전 세계에 당사 제품을 공급하는 비즈니스 파트너로 애써주시는 노고에 감사 인사를 드립니다. 첨부한 경과 보고서에 따르면, 지난해 저희 회사의 수익이 올랐습니다.

본문 · 세부 내용

저희는 귀사의 협력과 후원에 상당히 만족하고 있습니다. 이번 제휴는 비즈니스 확장이라는 점에서 두 회사에 많은 성과를 가져왔습니다. 귀사와 더 많은 성공을 거두고자 노력하겠습니다.

마무리 · 후속 조치

좋은 결과로 이어진 이번 제휴에 다시 한번 감사드립니다.

안녕히 계세요.
크리스 존슨 드림

Ａ 〇 ☺ 🖼   Send   Save   Cancel

협력회사에 감사 인사를 전하는 메일 형식으로, 다양한 비즈니스 파트너에게 활용할 수 있는 예문입니다. 이런 메일에서도 어떤 점이 감사한지 요점을 간결하게 정리하여 말하는 것이 좋습니다. 앞으로 두 회사의 전망에 대한 기대감을 내비치며 글을 맺고 있습니다.

Thank you for your cooperation

Dear Ms. Ohno,

On behalf of everyone at YYY Software, we would like to thank you for the joint venture, and being our business partner to supply our products worldwide. According to the progress report, which is attached, we have made good profits last year.

We are very satisfied with your cooperation and your backend support. This business opportunity has proven very fruitful for both companies in terms of business expansion. We are seeking to have many more success stories with your organization.

Once again, thank you so much for this beneficial joint venture.

Sincerely yours,
Kris Johnson

● in terms of ~ ~의 관점에서 보면

033

리더십에 대한 감사 인사
Expressing Appreciation for One's Leadership

우리말　　　　　　　　　　　　　　　　　　　　　　　_ □ ✕

제목	당신의 리더십에 감사드립니다

인사·용건

사라 님께

브로슈어 리디자인 프로젝트에서 뛰어난 활약을 보여주셔서 감사합니다.

본문·세부 내용

이번 프로젝트는 프로젝트 팀이 어떻게 목표를 설정하고, 예정된 시간의 범위 안에 정해진 목표와 책임을 수행하는지에 대한 회사의 사례가 되었습니다.

오늘 주신 메일에서 당신은 사려 깊고 칭찬하는 자세로 팀원 개개인을 인정하고 있었습니다. 팀원들은 노력한 보람을 느끼고 자신이 인정받고 있다고 생각할 것입니다.

마무리·후속 조치

이번 프로젝트에서 리더십을 발휘하여 회사에 공헌해 주신 점에 진심으로 감사드립니다.

감사합니다.
사토 아이리 드림

A 🔗 😊 🖼　　　　　　　　　　　　Send　　Save　　Cancel

같은 회사의 직원에게 리더십 발휘를 통한 업무 성과에 대해 감사의 뜻을 표하고 있습니다. 앞부분에서 감사 인사를 하고, 본문에서 그 성과가 지니는 중요한 의미와 높이 평가하는 이유를 구체적으로 말하고 있습니다. 마무리 파트에서 다시 한번 감사의 마음을 전합니다. 감사 인사 메일의 전형적인 형식으로, 중요한 점은 적절한 타이밍에 보내는 것입니다. 평소에 이런 템플릿을 준비해놓으면, 필요할 때 바로 활용할 수 있습니다.

Thank you for your leadership

Hi Sarah,

Thank you for your outstanding job leading the brochure redesign project.

The project serves as an example for the company about how a project team can set goals, and accomplish its stated goals and mission within the projected time frame.

In your email today, you recognized each member of your team in a thoughtful, deserving way. I am certain that your team members feel rewarded and recognized.

Again, I am so happy with the contribution that you have made to our organization through your leadership of the project.

Thank you,
Airi Sato

034

동료에게 보내는 감사 인사
Expressing Appreciation to a Colleague

우리말 ＿ □ ✕

제목	도와주셔서 감사합니다

인사 · 용건

알렉스 님께

지난주에 제 일을 대신해 주셔서 정말 감사합니다. 평소보다 두 배로 많은 업무를 처리하셨겠지요.

본문 · 세부 내용

제가 쉬는 동안 제 업무를 맡아 고객들의 요구를 들어주셔서 진심으로 감사드립니다.

마무리 · 후속 조치

상당히 많은 고생을 하셨으리라 생각하고 있으며, 이번 일을 잊지 않겠습니다. 저의 도움이 필요하실 때 언제든 보답해드리고 싶습니다.

다시 한번 감사드립니다.

안녕히 계세요.
하야시 히로 드림

Send   Save   Cancel

◑ 자신이 휴가 중일 때 도움을 준 동료에게 감사를 전하는 메일입니다. 휴가 복귀 후 바로 보내는 것이 좋습니다. 길게 쓸 필요는 없고, 고마운 마음을 담아 간결하게 쓰면 됩니다. 마지막에는 앞으로 그 동료가 자리를 비울 때 자신도 똑같이 도와주겠다고 말하고 있습니다. 회사는 직원 간의 협력이 중요합니다. 서로 도움을 주고받고, 그 호의에 감사하는 마음을 표현하면서 일하면 직장의 분위기가 좋을 수밖에 없을 것입니다.

Thank you for helping

Hi Alex,

Many thanks for covering my workload last week. I know that it has meant doing double what you would normally do.

I really appreciate you handling my work and satisfying each of my client's request during my absence.

I acknowledge the extraordinary efforts you made and they will not be forgotten. I hope to be in a position to reciprocate whenever you need me.

Thanks again.

Best regards,
Hiro Hayashi

● workload 작업량 / reciprocate 보답하다, 보은하다

035

직원들에게 보내는 연말 인사
Sending Holiday Greetings

우리말　　　　　　　　　　　　　　_ □ ✕

| 제목 | 연말 인사 |

인사·용건

직원 여러분

ABC 컨설팅 글로벌 본사에서 연말 인사를 드립니다.

본문·세부 내용

특별한 시기였던 올 한 해 동안 회사를 위해 공헌해 주신 점에 대해 감사의 마음을 전합니다. 올해 함께 이루어낸 훌륭한 성과에 감사드립니다. 지금부터는 편안한 마음으로 축하하는 시간을 가져봅시다.

마무리·후속 조치

이번 달 월급에 휴가 보너스가 지급된다는 소식을 알려드리게 되어 기쁩니다. 여러분이 없었다면 이런 성공적인 한 해를 보낼 수 없었을 것입니다. 열심히 일해 준 여러분께 감사를 표합니다. 행복과 즐거운 추억이 가득한 연말연시를 보내시길 바랍니다.

감사합니다.
야마모토 조 드림

A 🔗 ☺ 🖼　　　　　　　Send　　Save　　Cancel

○ 직원들에게 연말 인사와 감사의 마음을 전하는 메일입니다. 용건 파트는 연말 인사로 시작하고, 본문에서는 한 해 동안 회사에 공헌한 직원들에게 고마움을 표현하고 있습니다. 크리스마스 휴가를 중요하게 여기는 서양에서는 연휴 전에 이런 메일을 보내는 경우가 많습니다. 마무리로는 행복한 연말연시를 보내기를 기원하고, 내년을 맞이하는 설렘이나 기대감에 대해 써봅시다. 예시에서처럼 보너스가 나오면 더 좋겠네요.

영어 _ □ ✕

Holiday Greetings

Dear Everyone,

Holiday Greetings from ABC Consulting Global Headquarters!

At this special time of year, we want to express our gratitude for your dedication to our company. Thank you for the great business we did together this year. Now's the time for us both to relax and celebrate.

We are happy to announce that a holiday bonus will be included in each paycheck this month. We couldn't have had such a successful year without you. Thanks for your hard work and may your holiday season be filled with happiness and fond memories.

Sincerely,
Joe Yamamoto

036

업무 지연에 대한 불만 표현
Complaining about Project Progress

우리말   _ □ ✕

제목	진행 상황에 관한 불만

인사·용건

앤디 데이비스 님께

저희 직원인 요한 스미스 씨가 웹사이트 구축에 뛰어난 실력을 갖췄다는 이유로 귀사를 추천했습니다. 하지만 최근 몇 주 동안 프로젝트가 실질적으로 아무런 진척이 없는 것처럼 보입니다. 당사의 신제품 발매는 2주 후로 예정되어 있습니다.

본문·세부 내용

선금 지불로 귀사는 발매 일주일 전에 작업을 완료하는 것에 동의했습니다.(계약서를 첨부합니다.) 저희로서는 귀사가 계약 조건을 충족시킬 수 있을지 의문이며, 공개 전에 준비를 마칠 수 있을지 심히 우려됩니다.

마무리·후속 조치

귀사가 어떻게 예정대로 작업을 완료할 수 있는지 연락 주시고, 추후 진행 상황을 서면으로 보내주세요. 계약대로 이행하지 않는 경우에는 저희를 보호하기 위해 즉시 조치를 취할 예정입니다.

안녕히 계세요.
야마모토 조 드림

A 🔗 ☺ 🖼   Send   Save   Cancel

업무상의 불만은 문제가 커지기 전에 알려야 합니다. 먼저 무엇이 문제인지 밝히고, 원래의 계약 조건에 대해서도 설명합니다. 가장 중요한 것은 앞으로 어떻게 해야 하는지 알려주는 것입니다. 예시에서는 어떻게 기한 내에 작업을 완료할 수 있는지 전화와 서면으로 보고해달라고 요청하고 있습니다. 또 최종적으로는 법적 수단을 포함한 엄중한 조치를 취할 예정임을 암시하고 있습니다.

Complaint regarding the progress

Dear Mr. Andy Davis,

Our colleague, Johan Smith recommended your company as one that would do a good job of building a website. However, we have seen virtually no progress on the project during recent weeks. Our new product launch is scheduled in two weeks.

With our advance payment, you agreed to have the work completed one week prior to the launch (contract copy attached). I question whether you will be able to meet the terms of the contract, and am very concerned about being ready before the launch.

Please call me, and follow up in writing, about how you intend to complete the work on time. If it appears that you will default on this contract, we will take immediate measures to protect ourselves.

Sincerely,

Joe Yamamoto

● on time 예정대로

037

환불 지연에 대한 불만 표현
Demanding a Refund

우리말 _ □ X

제목

환불 지연

인사 · 용건

에릭 파스토르 님께

PC 모니터 고장으로 299.99달러를 환불해 주시겠다고 2주 전에 약속하셨지만, 저는 아직 환불받지 못했습니다.

본문 · 세부 내용

다른 PC 모니터를 구입하기 위해 즉시 환불이 필요합니다.

마무리 · 후속 조치

저의 상황을 상세하게 다시 알려드리기 위해 영수증과 보증서를 첨부했습니다. 바로 환불해 주시면 좋겠습니다. 9월 13일 월요일까지는 환불이 필요합니다.

부탁드립니다.
야마모토 조 드림

Send   Save   Cancel

○ 약속한 환불을 받지 못한 사실을 알리는 메일입니다. 서두에서 환불이 얼마나 지연되고 있는지, 환불받을 금액이 얼마인지 구체적으로 언급하고 있습니다. 예시에서처럼 상대방의 이해를 돕기 위해 영수증을 첨부하는 것도 좋은 방법입니다. 또 마무리 파트에서는 언제까지 환불받기를 원하는지 기일을 언급합니다. 이런 내용을 서면으로 확실하게 남기는 것도 중요합니다.

Refund not arrived

Dear Mr. Eric Pastor,

I have not yet received the refund of $299.99 you promised to send me two weeks ago for the broken PC monitor.

I need the refund immediately so I can purchase another PC monitor.

To refresh your memory of the details of my case, I have attached my sales receipt and the warranty card. I look forward to receiving the check soon. I need the money by Monday, September 13.

Sincerely,
Joe Yamamoto

038

고객에 대한 클레임 제기
Complaining about a Client

	우리말 _ □ ✕
제목	프로젝트에 관한 상담
인사·용건	슈바르츠 님께 얼마 전 항의 전화를 하셨다는 이야기를 당사의 애널리스트 안나 씨에게서 들었습니다.
본문·세부 내용	작업 속도에 대해 논의하는 통화 약속을 잡았으면 합니다. 계약에는 없는 반복되는 수정을 요구하시는 듯하지만, 저희 팀은 많은 시간을 쓸 수 있는 상황이 아닙니다. 만약 이것이 사실이라면, 아쉽지만 저희는 이번 프로젝트에서 손을 떼야 할 것 같습니다.
마무리·후속 조치	오늘 오후는 어떠신가요? 저는 오후 2시 이후라면 괜찮습니다. 안녕히 계세요. 야마모토 조 드림

A 📎 ☺ 🖼
Send   Save   Cancel

상사는 종종 부하 직원을 감싸줘야 할 때가 있습니다. 이 예시에서는 단골 고객에게서 불합리한 요구를 받은 직원의 말을 듣고, 개선이 안 된다면 앞으로 프로젝트에 협력할 수 없다는 뜻을 전하고 있습니다. 이 사태에 관해 이야기를 나누자는 제안으로 글을 맺고 있습니다. 이런 상황에서는 지속적인 관계를 위해서라도 의연하게 대처하는 자세가 필요합니다.

영어 　　　 _ □ ✕

Discuss the project

Dear Mr. Schwarz,

I heard from our analyst Anna that we got an angry phone call from you the other day.

Let's schedule a phone call to talk about workflow. It seems as though you are requesting rounds of revisions that aren't in the contract and that our team isn't authorized to spend the hours on. If this is the case, we may unfortunately have to remove ourselves from your projects.

Is this afternoon good? I'm available after 2 pm.

Sincerely,
Joe Yamamoto

039

상사에게 하는 불만 토로
Complaining about a Colleague

우리말   _ □ ✕

제목	문제 보고

인사 · 용건

조 님께

이 메일은 저의 동료인 샘 몬데시 씨에 관한 문제를 보고하고자 씁니다. 문제를 해결하고자 여러 차례 노력했으나 그녀는 제 말을 들으려고도 제 기분을 이해하려고도 하지 않았습니다.

본문 · 세부 내용

이번 주 월요일에 제가 주요 고객 3사와 전화 통화를 하는데 그녀의 큰 목소리와 시끄러운 웃음소리가 방해되었다고 여러 차례 말했습니다. 하지만 사과는커녕 저에게 진정하라고 하더군요.

마무리 · 후속 조치

그녀의 행동이 직장에 나쁜 영향을 끼치고, 회사의 평판에도 손상을 입힐까 걱정됩니다. 당신이 그녀에게 왜 그런 행동을 하지 말아야 하는지 설명해 주신다면 감사하겠습니다.

잘 부탁드립니다.
안나 리 드림

A 🔗 ☺ 🖼   Send   Save   Cancel

동료에 대한 불만을 상사에게 알리는 내용입니다. 가능하면 쓰고 싶지 않았겠지만, 도저히 참을 수 없었나 봅니다. 중요한 점은 문제점을 잘 정리하고 구체적인 사례를 소개하는 것입니다. 사례가 많다면, 항목별로 요약해서 쓸 수도 있습니다. 마무리 부분에서 수신자에게 무엇을 원하는지 분명하게 말하면, 목적을 달성하는 데 도움이 됩니다. 부탁을 들어줄지 말지는 알 수 없지만 상사도 어느 정도 참고는 할 것입니다.

영어   _ ☐ ✕

Reporting a Problem

Dear Joe,

I'm writing this letter to report a problem I'm having with our colleague, Sam Mondesi. Despite repeated attempts to address the problem, Sam refuses to listen or consider my feelings.

On Monday of this week, I repeatedly confronted Sam about her loud talking and noisy laughing, which disrupted my phone conversations with three major clients. I spoke to Sam about it, but instead of apologizing, she said I should lighten up.

I am concerned that her actions are damaging our workplace and hurting the reputation of the company. I would appreciate it if you could explain to her why this behavior needs to stop.

Best regards,
Anna Li

● confront ~에 맞서다, 직면하다 / lighten up 긴장을 풀다, 진정하다

040

실수에 대한 사과
Apologizing for a Mistake

우리말   _ □ ✕

제목	사과드립니다

인사 · 용건

미쉘 님께

XYZ사에 파일을 잘못 보낸 일에 대해 사과의 말씀을 전합니다. 저의 부주의한 실수로 고객과의 관계에 폐를 끼치고, 하마터면 중요한 고객을 잃을 뻔했습니다.

본문 · 세부 내용

이런 실수를 다시는 되풀이하지 않도록 대책을 마련하고 있습니다. 파일을 다른 것과 절대 혼동하지 않는 프로세스를 만들었습니다.

마무리 · 후속 조치

정말 죄송하게 생각합니다. 이 문제에 관해 더 깊이 이야기하고 싶으시면, 편하게 말씀해 주세요.

감사합니다.
마크 윌리엄슨 드림

A 🔗 ☺ 🖼️   Send   Save   Cancel

요즘 메일이나 파일을 잘못 보내는 실수가 늘고 있습니다. 이 예시는 자신의 실수로 파일을 잘못 보낸 일을 상사에게 사과하는 메일입니다. 본문에서는 같은 실수를 반복하지 않기 위해 어떻게 할지 구체적인 방안을 언급하고 있습니다. 변명하기에 급급하지 않고 실수에 대해 진지하게 사과하고, 대책을 고민하는 자세를 보여주는 것이 이런 상황에서 할 수 있는 최선의 행동이라고 생각합니다.

영어   _ □ ×

My Apologies

Dear Michelle,

I want to apologize for sending the wrong files to XYZ Company. My careless mistake hurt our client relationship, and almost lost our key client.

I am taking steps to make sure I do not make this kind of error again. I have developed a process that will make it impossible for me to confuse one file for another.

I am very sorry again. Feel free to contact me if you would like to discuss this matter further.

Sincerely,
Mark Williamson

● take steps 대책을 마련하다 / make sure ~ 반드시 ~하게 하다

041

제출 지연에 대한 사과
Apologizing for Failing to Meet a Deadline

우리말	_ □ ✕

제목	6월 20일까지 제출하겠습니다

인사·용건

캐럴 님께

기한까지 조사를 완료하지 못해 대단히 죄송합니다. 컨디션이 안 좋았습니다. 열이 있어 병원에 갔었습니다.

본문·세부 내용

7월 1일까지 전체 보고서를 완성하길 원하신다는 사실은 잘 알고 있습니다. 그래서 6월 20일까지 보낼 수 있도록 야근도 하고 있습니다. 6월 20일 혹은 그전에 보낼 것을 약속드립니다. 이번 프로젝트의 성공을 위해 할 수 있는 모든 일을 하겠습니다.

마무리·후속 조치

이번 지연이 당신의 일정에 영향을 줄 거라는 사실을 잘 알고 있으며, 불편을 드려 죄송합니다. 이해해 주셔서 감사합니다.

안녕히 계세요.
혼다 히로시 드림

A 0 ☺ ▨   Send   Save   Cancel

비즈니스 현장에서 기한은 매우 중요합니다. 의뢰받은 일이 늦어질 때는 먼저 확실하게 사과해야 합니다. 그런 다음 늦어지는 이유를 간결하게 설명하고, 언제까지 완성할 수 있는지 등 대책을 말합니다. 상대방은 일의 진행 과정과 동시에 사태에 대응하는 자세도 눈여겨볼 것이므로, 어떻게 대처할지 명확하게 설명해야 합니다.

영어 _ □ ✕

Research by June 20

Hello Carol,

I am truly sorry about not finishing the research by the deadline. I was really feeling unwell. I had high fever, and I went to the hospital.

I know you are eager to have the entire report completed by July 1, so I am working nights to have this to you by June 20. You can count on it being sent on or before that date. I will do everything I can to make this project a success.

I realize that this delay affects your schedule, and apologize for any inconvenience this may cause you. Thank you for your understanding.

Best regards,
Hiroshi Honda

● nights 매일 밤, 밤마다

---

032 협력회사에 보내는 감사 인사

◎ 140쪽 참조

인사·용건

> 당사와의 제휴를 받아들여 주셔서 진심으로 감사드립니다.

I would like to sincerely express my gratitude for accepting the partnership with our organization.

> YYY 소프트웨어와 제휴해 주셔서 진심으로 감사드립니다.

I would like to sincerely thank you for joining hands with YYY Software.

본문·세부 내용

> 귀사의 노고와 노력으로 저희 회사는 유럽의 주요 국가에서 고객을 유치할 수 있었습니다.

Due to your hard work and efforts, we have been able to reach our customers in leading European nations.

> 귀사와 제휴할 수 있음을 자랑스럽게 생각하며, 이 제휴가 두 회사에 성공을 가져다줄 것이라고 확신합니다.

We are proud to be associated with you and we are certain that our partnership will be equally successful.

● be associated with ~ ~와 제휴하다

마무리·후속 조치

> 진심으로 감사드리며, 앞으로도 귀사와 함께 일할 수 있기를 바랍니다.

You have our sincere appreciation and we hope to continue working with you in the future.

> 귀사와 의미 있는 파트너십을 지속할 수 있기를 바라며, 앞으로의 성공을 위해 귀사의 지원과 협력을 기대하고 있습니다.

We hope to continue our valuable business partnership with you, and look forward to your support and cooperation for our continued success.

033 리더십에 대한 감사 인사

○ 142쪽 참조

인사 · 용건

> ABC 컨설팅의 경영진을 대표하여 자료 수집과 분석 업무에서 당신이 보여준 뛰어난 성과에 감사드립니다.

On behalf of the ABC Consulting management, I would like to extend our appreciation for the amazing work done by you on data collection and analysis.

● on behalf of ~ ~을 대표하여

본문 · 세부 내용

> ABC 컨설팅의 경영진은 귀하의 노고에 대해 잘 알고 있으며, 진심으로 감사하는 마음을 전하고 싶습니다.

The management team at ABC Consulting knows the amount of effort that you put into your job and we want to assure you that your efforts are significantly appreciated.

> 한층 더 노력하는 당신께 경의와 감사를 표합니다.

I am grateful and appreciate your willingness to go the extra mile.

● go the extra mile 한층 더 노력하다

마무리 · 후속 조치

> 다시 한번 감사드립니다! 당신과 함께 일할 수 있어서 영광입니다.

Once again, thank you so much! We are lucky to have you on our team.

> 당사를 위한 여러분의 노고에 진심으로 감사의 뜻을 전하고 싶습니다.

I want you to know that we really appreciate your efforts on our behalf.

PART 2 비즈니스 영어 이메일

CHAPTER 4 감사 · 불만 · 사과

034 동료에게 보내는 감사 인사

➲ 144쪽 참조

인사 · 용건

> 휴가 기간 동안 저의 업무를 대신해 주셔서 정말 감사드립니다.

I just wanted you to know how much I appreciate the extra effort you made to cover for me during my period of absence.

본문 · 세부 내용

> 출근하고 나서 당신이 제 고객들을 잘 관리해 주신 점을 알게 되어 진심으로 안심했습니다.

When I returned to work, I was greatly relieved to discover that each of my clients had received adequate attention, thanks to you.

> 평소 하시는 업무로도 힘드실 텐데 제 일까지 하시느라 많이 힘드셨을 거라고 생각합니다.

I know how hard you usually work, and I am well aware of the additional demands which my workload placed on you.

마무리 · 후속 조치

> 저 대신 고생해 주신 모습을 보고 팀원 중 누군가 자리를 비우면 저 역시 당신을 본보기로 삼아 똑같이 해야겠다는 생각이 들었습니다. 다시 한번 감사드립니다!

Your effort on my behalf will serve as a good example for me to follow if you or another member of our team is out. Thanks again!

● on one's behalf ~ ~ 대신에

> 휴가가 필요하실 때 알려주세요. 당신의 업무를 제가 흔쾌히 맡아 하겠습니다.

Whenever you need time off, please let me know and I will gladly cover your workload for you.

● time off 휴식·휴가

035 **직원들에게 보내는 연말 인사**

○ 146쪽 참조

인사·용건

> 여러분과 여러분의 가족이 즐거운 휴가를 보낼 수 있기를 바랍니다. 여러분의 노고에 감사드립니다.
>
> **Sending you and your loved ones our sincerest wishes for a blessed holiday season. Thank you for all of your hard work.**

본문·세부 내용

> 회사가 성장하는 동시에 여러분도 이곳에서의 경험을 통해 성장해가는 모습을 볼 수 있어 기쁘게 생각합니다.
>
> **We've enjoyed growing as a company and watching you grow in your experiences working with us.**

> 회사를 위한 끊임없는 노력에 감사드립니다. 성공적인 한 해를 만들어준 여러분의 노고에 감사의 마음을 전합니다.
>
> **Our company couldn't be more thankful for the many efforts and tireless hours you've given to our organization. Thank you for everything you've done to make this a successful year.**

● tireless 끊임없는

> 여러분의 노고와 헌신에 감사드립니다. 회사의 성공을 이끈 여러분의 노력에 감사의 뜻을 표합니다.
>
> **Your hard work and dedication are appreciated. Thank you so much for everything you do to make us so successful.**

마무리·후속 조치

> 올해를 최고의 한 해로 만들어주셔서 고맙습니다.
>
> **Thank you for making this past year the best ever.**

> 여러분과 여러분의 가족이 행복하고 건강한 휴가를 보내시기를 바랍니다!

Wishing you and your family a happy and healthy holiday season!

036 업무 지연에 대한 불만 표현 ⊙ 148쪽 참조

인사 · 용건

> 2주 정도 지났지만, 프로젝트에 진척이 없습니다.

It has been a couple of weeks, but we do not see any progress in our project.

> 회의 일주일 전인 2022년 4월 19일까지 작업을 모두 완료하겠다고 합의했습니다.

We had an agreement that the work will be completed a week before the conference on April 19, 2022.

본문 · 세부 내용

> 프로젝트 진행 상황의 세부 사항에 관해 답변을 주시길 부탁드립니다.

We request a reply on the detailed progress of the project.

> 요구한 품질에 맞춘 보고서를 2022년 12월 15일까지 보내겠다는 사실을 서면으로 알려주세요.

Please provide a written assurance that you will be sending us updated reports with the required quality by December 15, 2022 or before.

마무리 · 후속 조치

> 두 회사가 합의한 방침에 따라 만약 프로젝트가 계약대로 완료되지 않는 경우, 당사는 조치를 취할 수밖에 없습니다.

As per the policy and as agreed by both the parties, we would have to take action if the project is not completed as stated in the contract.

● as per ~ ~에 따라 / party 당사자

> 귀사의 이런 불이행은 당사와의 계약 해지로 이어질 수도 있습니다.

Any failure on your part to do this will lead to the cancellation of your contract with our company.

037 환불 지연에 대한 불만 표현

➲ 150쪽 참조

인사·용건

> 귀하의 가게에서 구입한 PC 모니터의 주문 취소에 대해 여쭤볼 것이 있어 연락드렸습니다.
>
> **This is to bring to your kind attention that we have recently cancelled our order regarding the purchase of a PC monitor from your store.**

본문·세부 내용

> 한 달 이상 지났지만 환불받지 못했으므로, 가능한 한 빨리 적절한 조치를 취해주시면 감사하겠습니다.
>
> **I would appreciate it if you could do the necessary at the earliest as it has been more than one month that we have not received our payment back.**

● do the necessary 필요한 조치를 취하다

> 왜 이런 지연이 발생하는지 알아보시고, 가능한 한 빨리 환불해 주시면 감사하겠습니다.
>
> **I would be grateful if you could look into the matter as to why this delay has happened and provide our refund at the earliest.**

마무리·후속 조치

> 이 건에 관하여 즉시 대응해 주시면 감사하겠습니다.
>
> **Your promptness in this regard will be highly appreciated.**

> 신속하게 처리해 주시면 감사하겠습니다.
>
> **Your early action will be highly appreciated.**

038 고객에 대한 클레임 제기

○ 152쪽 참조

인사 · 용건

> 귀사와의 비즈니스 관계에서 최근 몇 가지 문제점을 확인했습니다.

Recently I've been noticing some problems with our working relationship.

> 이번 프로젝트가 계약서에 합의한 대로 실행되고, 저희 직원들이 우호적이며 긍정적인 환경에서 일할 수 있는지 확인받고 싶습니다.

It's important to us to make sure our projects are being executed as per our agreements, and also that our employees are able to work in a cordial and positive environment.

● as per ~ ~한 대로 / cordial 우호적인

본문 · 세부 내용

> 이 건과 관련하여 더 깊이 이해하기 위해 추가 정보를 얻을 수 있을까요?

Could you share a bit more information with me so that we can get to the bottom of this?

● get to the bottom of ~ ~의 진상을 밝히다

> 상황을 개선하기 위해 저희는 무엇을 해야 할까요?

What would you like us to do to rectify the situation?

● rectify 바로잡다, 수정하다

> 아쉽지만 당사로서는 더 이상 귀사와 함께 일하기 어렵다고 생각합니다.

Unfortunately, we do not believe that our two companies should continue working together.

마무리 · 후속 조치

> 궁금한 점이 있으시면 말씀해 주세요.

Please let me know if you have any questions.

039 **상사에게 하는 불만 토로**

● 154쪽 참조

인사·용건

> 미쉘 씨에 대한 불만을 말씀드리고 싶습니다.

I would like to inform you that I am making a complaint against Michelle.

본문·세부 내용

> 당신과 면담까지 했지만, 그의 태도는 변하지 않았음을 알려드립니다.

I wanted to inform you that his behavior has not changed despite your counseling.

마무리·후속 조치

> 말씀드린 무례한 행위에 대해 적절한 조치를 취해주시기를 부탁드립니다.

I hope that you will take the necessary actions against the offenses that I have mentioned.

● offense 불쾌감을 주는 행위

> 가능한 한 빨리 이 문제를 해결하고 싶습니다. 저의 상황을 이해해 주시고, 적절하게 대응해 주시기를 요청 드립니다.

I would like to resolve this issue as soon as possible and request you to understand my situation to take appropriate action.

040 **실수에 대한 사과**

● 156쪽 참조

인사 · 용건

> 고객에게 메일을 잘못 보낸 건에 대해 진심으로 사과의 말씀을 전합니다.

Please accept my most sincere apologies for sending the wrong email to a client.

본문 · 세부 내용

> 업무상의 일정 혼동으로 그런 곤란한 상황이 발생하리라고는 전혀 예상하지 못했습니다.

I was least expecting such an awkward situation which was a result of the high chaos in my working schedule.

> 그런 부주의한 실수를 되풀이하지 않기 위해 지금 개선책을 만들고 있습니다.

I am currently developing strategies to ensure that I never make that kind of sloppy error again.

● sloppy 부주의한

마무리 · 후속 조치

> 다시는 그런 실수를 반복하지 않을 것을 약속드리며 용서를 구합니다.

Please forgive me and I assure you that I won't repeat such an error again.

> 앞으로는 더 신중하게 행동하도록 하겠습니다.

From now onwards, I promise I will be more careful.

> 다시 한번 진심으로 사과드립니다.

My sincere apologies once again.

041 제출 지연에 대한 사과

● 158쪽 참조

인사 · 용건

> 보고서를 기한까지 끝내지 못하여 정말 죄송하고 부끄럽게 생각합니다.

I am truly sorry and very embarrassed about not finishing the report by the deadline.

> 서류를 예정대로 제출하지 못해 사과드립니다.

I apologize for not getting the document to you on time.

● on time 예정대로, 제시간에

본문 · 세부 내용

> 안타깝게도 디자인을 조금 변경하게 되어 완성하기까지 며칠 더 걸릴 것 같습니다.

Unfortunately, we needed some changes in the design, and they will take several more days to complete.

> 모든 자료는 다음 주 화요일까지 준비하도록 하겠습니다.

I should have all the materials ready by Tuesday of next week.

마무리 · 후속 조치

> 이 일을 할 수 있는 기회를 얻어 기쁘게 생각하며, 기다리고 이해해 주셔서 감사드립니다.

I appreciate the opportunity to work on it, and I thank you for your patience and understanding.

사내

● 　　　　　사내에서 업무 또는 인간관계 유지를 위한 목적으로
작성되는 메일입니다. 같은 부서의 가까운 동료가 아닌 이상 채팅
보다는 메일로 연락해야 할 일이 더 많을 겁니다. 요청사항이 있는
경우, 항상 마지막에 감사의 인사를 하는 것이 좋은 결과를 얻을 수
있는 방법입니다.

042

송장 확인 요청
Requesting to Check an Invoice

우리말 _ □ ✕

| 제목 | 송장 확인을 요청합니다 |

인사 · 용건

톰 님께

한 고객님으로부터 주문보다 금액이 많이 청구되었다는 전화를 받아 메일을 드립니다.

본문 · 세부 내용

고객님의 성함은 제인 브라이언트입니다. 브라이언트 씨는 같은 상품에 대금이 두 번 청구되었다고 생각하십니다. 상품은 하나만 주문해서 받으셨는데, 두 개의 가격이 청구되었다고 말씀하십니다.

마무리 · 후속 조치

브라이언트 씨의 말씀이 맞는지 송장을 확인해 주실 수 있나요? 송장 확인이 끝나면 바로 저에게 연락 주세요.

부탁드립니다.
노리코 드림

A 🔗 ☺ 🖼

Send　Save　Cancel

○ 주문 금액이 과잉 청구되었다는 고객의 전화를 받고, 사내의 관련 부서에 확인을 요청하는 상황입니다. 고객의 주장 내용을 자세하게 전달한 뒤 상대방에게 송장 확인을 부탁하고 있습니다. 물론 고객의 말에 귀를 기울이는 것은 당연하지만, 최종 판단은 서류를 보고 나서 내려야 합니다. 이 예문은 누군가의 주장이 사실과 일치하는지, 제삼자에게 확인을 요청할 때 활용할 수 있습니다.

영어	_ □ ✕

Can you check the invoice?

Hi Tom,

This email is concerning a telephone call I received from a customer who has been overcharged for an order.

The customer's name is Jane Bryant. Ms. Bryant believes that we charged her twice for the same product. She states that she only ordered and received one product but was charged for two products.

Would you mind checking the invoice to see if Ms. Bryant is correct? Please contact me as soon as you have reviewed the invoice.

Kind regards,
Noriko

043

소액 현금의 승인 요청
Requesting for Approval of Small Amounts of Cash

우리말	_ □ ✕

제목

소액 현금 요청

인사 · 용건

에밀리 님께

소액 현금 80달러의 승인을 요청하고자 메일을 보냅니다.

본문 · 세부 내용

업무상의 목적으로만 쓸 예정으로, 내일 워크숍에서 먹을 커피
와 간식 구매에 필요합니다.

마무리 · 후속 조치

시간 내주셔서 감사드립니다.

안녕히 계세요.
안나 리 드림

A 📎 ☺ 🖼   Send   Save   Cancel

페티 캐시(petty cash, 소액 현금)의 사용 승인 요청 메일입니다. 서양에서는 소액 현금을 사무실에 두고 소액 지출이 발생할 때, 신청서를 쓰거나 영수증을 제출하고 정산하는 제도가 있습니다. 이런 방식이 낯설 수도 있지만, 경비를 사전 신청해야 할 때 이 예문을 활용할 수 있습니다. 첫 문장에 메일을 쓰는 목적이 나와 있습니다. 본문은 첫 문장의 보충 설명으로 경비의 용도에 대해 언급하는, 아주 단순한 형식의 메일입니다.

Request for petty cash

Hi Emily,

I am writing this email to ask you for the approval of a petty cash request, for the value of $80.

This request is for official purposes only and is necessary for the coffee and snacks for tomorrow's workshop.

Thank you for your time.

Kind regards,
Anna Li

044

전화·영상 회의 요청
Requesting to Join a Conference Call

우리말	_ □ X

제목	화요일 오후 4시부터 4시 15분까지 괜찮으신가요?

인사 · 용건	존 님께
	내일 15분 동안 전화 회의(시간 엄수)를 하고자 하는데, 괜찮으신가요?

본문 · 세부 내용	논의하고 싶은 안건은 다음과 같습니다.
	• 다음 분기 광고 예산
	• 다음 분기 우선 사항

마무리 · 후속 조치	오후 4시부터 4시 15분까지 괜찮으신가요? 그럼 또 연락드리겠습니다.
	안녕히 계세요.
	후지모토 시즈카 드림

A 📎 😊 🖼   Send   Save   Cancel

전화 회의를 요청하는 상황입니다. 서두에서 전화 회의를 하고 싶다는 의사를 전달하고 있습니다. 본문에서 논의하고 싶은 안건을 알아보기 쉽게 정리하고, 마무리 파트에서 구체적인 시간을 제안하면서 끝맺고 있습니다. 이런 형식은 전화·영상 회의뿐만 아니라 일반적인 대면 회의 약속을 잡을 때도 활용할 수 있습니다.

영어 _ □ ✕

Tuesday at 4–4:15 pm sound good?

Hi John,

Do you mind if we jump on a (strictly timed) 15-minute call tomorrow?

I'd love to discuss:

– our advertising budget for the next quarter.

– our priorities for next quarter.

Does 4–4:15 pm tomorrow sound good? Talk soon.

Regards,

Shizuka Fujimoto

● jump on 올라타다, 덤벼들다

045

회의 일정 변경
Rescheduling a Meeting

우리말 _ □ ×

제목	회의 일정 변경
인사 · 용건	여러분, 안녕하세요.
본문 · 세부 내용	부득이한 사정으로, 9월 13일 오후 4시 회의실 '후지'에서 열릴 예정이었던 마케팅 부서 회의 일정을 9월 17일 오전 9시 30분 같은 장소로 변경합니다.
마무리 · 후속 조치	궁금한 점이 있으시면, 언제든지 저에게 연락 주세요. 감사합니다. 사코 드림

Send Save Cancel

어쩔 수 없는 사정으로 회의 일정을 변경해야 할 때 쓸 수 있는 메일입니다. 예상치 못한 일 때문에 회의를 취소하거나 변경해야 하는 경우가 있으므로, 그럴 때 이 예문을 잘 활용하면 좋겠습니다. 간결하게 회의의 취소나 변경 사실을 전하고, 만약 새로운 일정이 정해졌다면 그 내용에 관해서도 알려야 합니다. 가능한 한 빨리 변경 사실을 알리는 것이 중요하므로, 길게 쓸 필요는 없습니다.

Meeting date changed

Hi everyone,

Due to unavoidable circumstances, the marketing department meeting date has changed from September 13 at 4:00 pm in Room Fuji to September 17 at 9:30 am in the same venue.

For questions, contact me anytime.

Best regards,

Sako

046

설문 조사 의뢰
Requesting Survey Participation

우리말   _ □ ×

제목	생산성에 관한 설문 조사(오늘까지)

인사 · 용건

데이비드 님께

아시다시피, 최근 몇 개월간 생산 단위당 제조 시간이 급격히 증가하는 문제가 발생했습니다. 제조에 가장 밀접하게 관여하고 계신 분들이, 이러한 변화가 일어난 원인을 우리가 이해하는 데 도움을 줄 최고의 적임자라고 생각합니다. 오늘 잠깐 시간을 내시어 첨부된 설문지를 작성해 주셨으면 합니다.

본문 · 세부 내용

공란에 자유롭게 추가 의견을 기입하신 뒤 오늘 중으로 관리자에게 제출해 주시면 됩니다. 모든 의견은 익명으로 처리됩니다.

마무리 · 후속 조치

우리 모두는 효율성과 관련되어 있으니, 이 문제를 팀 전체가 함께 대응해 나갔으면 합니다. 회사의 재무 건전성을 위해 여러분의 의견이 꼭 필요합니다. 협조해 주셔서 감사합니다.

잘 부탁드립니다.
다니모토 리리아 드림

A 🖉 ☺ 🖼   Send   Save   Cancel

사내 직원들에게 설문 조사를 의뢰하는 내용입니다. 바쁜 가운데 약간의 시간을 내서 응답해달라고 정중하게 부탁하고 있습니다. 왜 조사하는지, 언제까지 해야 하는지, 기명식인지 무기명식인지, 시간이 얼마나 걸리는지 등 중요한 정보를 빠뜨리지 않도록 주의해야 합니다. 물론 마지막에는 감사하다는 인사를 꼭 덧붙입니다.

영어 _ □ ×

Productivity Questionnaire by End of Today

Hi David,

As you know, we are troubled that production time per unit has increased sharply in recent months. Those of you who work most closely with production are best qualified to help us understand what has caused this change. Please set aside a few minutes today to fill out the attached questionnaire.

Feel free to add additional remarks in the space provided and give it to your supervisor by the end of the day. All comments will remain anonymous.

We all have a stake in our efficiency, so let's work as a team to solve this problem. Your input is vital to our financial health. Thank you for your help.

Best regards,
Riria Tanimoto

● set aside ~ ~을 확보하다

047

작업 결과물에 대한 감사 인사

Expressing Appreciation Over the Results of One's Work

우리말 _ □ ✕

제목	훌륭한 디자인입니다!

인사 · 용건

에밀리 님께

스토어 디자인이 정말 멋집니다!

본문 · 세부 내용

디자인이 훌륭하고 실내장식도 당신이 만들고자 하는 브랜드 체험을 보완하고 있습니다.

마무리 · 후속 조치

당신의 사려 깊은 계획과 관리가 없었다면, 이런 일은 거의 불가능했을 것입니다. 당신의 노고에 다시 한번 감사드립니다.

감사합니다.
다카시 드림

A 🔗 🙂 🖼

Send   Save   Cancel

아랫사람이 맡은 일을 훌륭하게 수행했을 때, 상사는 고마운 마음을 전해야 합니다. 큰 성과를 냈을 때는 전 직원에게 메일을 보내 모두에게 알리는 것도 좋은 방법입니다. 우리와 달리 서양은 칭찬과 격려로 직원의 의지를 북돋아 주는 것을 회사 문화로 생각합니다. 따라서 좋은 성과를 이뤄낸 직원이 있다면, 구두로든 서면으로든 반드시 칭찬해 줍시다.

Well Done!

Hi Emily,

What a wonderful job you did with the store design!

The design is great, and the decor complements the brand experience you are trying to create beautifully.

Without your thoughtful planning and oversight, an undertaking like this would have been nearly impossible. Thank you once again for all your effort.

Best regards,
Takashi

● complement ~을 보완하다, ~을 완전하게 하다 / undertaking 일, 임무

048

전근 희망
Requesting a Transfer

	우리말 _ □ ×

제목	전근을 희망합니다
인사 · 용건	린 님께 ABC 컨설팅 싱가포르 지점의 현재 자리와 유사한 직으로 전근할 수 있는지 검토를 부탁드리고자 이 메일을 씁니다. 최근 저의 가족에게 변화가 생겨 거리가 가까운 곳으로 옮기고 싶습니다.
본문 · 세부 내용	7년간 이곳에서 즐겁게 일하며 얻은 경험에 감사하고 있습니다. 동료들과 헤어지는 것은 아쉽지만, 싱가포르 지점의 성장 가능성을 위해 크게 공헌할 수 있다고 생각합니다.
마무리 · 후속 조치	참고하시라고 저의 최신 이력서를 첨부합니다. 이 건에 대한 검토와 배려에 감사드립니다. 추가 정보가 필요하시면 연락 주세요. 잘 부탁드립니다. 앤드류 스테일리 드림

A 🔗 ☺ 🖼   Send   Save   Cancel

전근 희망 의사를 전하는 메일로 서두에 전근 의사와 이유를 밝히고 있습니다. 이것만으로도 메일의 목적은 충분히 전달되겠지만, 본문에 감사의 마음과 전근 희망지에서도 자신이 회사에 도움이 될 수 있는 가능성을 언급하고 있습니다. 최신 이력서를 첨부하여 검토할 상대방에게 미리 감사 인사를 전하며 메일을 마무리합니다. 희망이 이루어질지 아닐지는 알 수 없지만, 때로는 이렇게 자신의 의사를 분명히 표현해야 할 때가 있습니다.

영어　　　　　　　　　　　　　　＿ □ ✕

Request for Internal Transfer

Dear Ms. Lin,

I am writing to request consideration for a transfer from my current position to a similar position at ABC Consulting in Singapore. My family has recently experienced some changes and I would like to be in closer proximity to them.

I have enjoyed working here for the past seven years and appreciate the experience I have gained. While I will regret leaving my colleagues here, I feel that I could contribute significantly to the company's potential growth in Singapore.

I am attaching my updated resume for your review. Thank you for your consideration and assistance in this matter. If you need any additional information, please contact me.

Sincerely,
Andrew Staley

● potential 가능성 있는, 잠재적인

049

상사에게 하는 반대 의사 표현
Expressing Disagreement with a Boss

우리말	_ □ ×

제목

계획에 대해 이야기를 나눌 수 있을까요?

인사 · 용건

데이비드 님께

저는 우리 부서의 개편 필요성은 이해하지만, 팀을 해고하기로 한 계획에는 동의할 수 없습니다.

본문 · 세부 내용

이 팀은 훌륭하게 일해왔으므로, 그들을 해고하는 것은 잘못이라고 생각합니다.

마무리 · 후속 조치

만나서 우리 부서의 효율성을 높이는 방법을 논의해 보고 싶습니다. 편하실 때 만나 주시면 감사하겠습니다. 저의 제안을 들어 주실 시간을 알려 주시기 바랍니다.

부탁드립니다.
나카무라 댄 드림

A 🔗 ☺ 🖼   Send   Save   Cancel

상사 의견에 반대 의사를 표명하는 것은 쉬운 일이 아니지만, 어쩔 수 없이 그래야 할 때가 있습니다. 이 메일에서는 서두에서 자신이 상사 의견에 반대한다고 말한 뒤, 이어서 자신의 의견과 대안에 관해 언급하고 있습니다. 메일상으로 반대 의견은 표명할 수 있으나 문제를 해결하기는 어려우므로, 일단은 상사와 만날 약속을 정하는 것이 좋겠습니다.

영어   _ □ ✕

Can we discuss the plan?

Dear David,

While I understand the need to restructure our department, I disagree with the plan to lay off the team.

This team has worked remarkably well, and I feel it would be a mistake to dismiss them.

I would like to meet with you to discuss other options for improving our department's efficiency. I will be very happy to meet at your convenience. Please let me know when you have time to hear my proposal.

Best regards,
Dan Nakamura

● lay off ~ ~을 해고하다

050

직장 내 괴롭힘에 대한 항의
Complaining about Harassment

우리말 _ □ ✕

제목	성희롱에 대한 정식 항의

인사 · 용건

줄리아 님께

이 메일은 켄이 저에게 행한 성희롱을 알리기 위해 보냅니다. 다음과 같은 일이 있었습니다.

본문 · 세부 내용

- 약 한 달 전, 켄이 저에게 데이트 신청을 했습니다. 저는 관심이 없다고 말하고 그 자리를 떠났습니다.

- 2022년 5월 15일 오후 휴식 시간에 주방에서 저에게 다가와 어깨를 만지기 시작했습니다.

- 제게 'hot(섹시한)'하다고 말하며, 2022년 6월 3일 데이트를 하자는 메일을 보내왔습니다. 그 메일을 첨부합니다.

마무리 · 후속 조치

이 상황과 앞으로의 대응 절차에 관해 이야기를 나눌 기회를 마련해 주시면 감사하겠습니다.

잘 부탁드립니다.
다케나카 제인 드림

A ✎ 🙂 🖼   Send   Save   Cancel

이런 메일은 사실을 객관적으로 쓰는 것이 좋습니다. 만약 직장에서 괴롭힘을 당했다면 이 예시를 참고할 수 있습니다. 누가 힘들게 하는지는 앞부분에서 언급하고, 구체적인 사실 관계는 본문에서 설명합니다. 사건이 발생한 일시를 알고 있다면, 그 점을 포함하여 구체적으로 씁니다. 마지막으로 메일에 기재한 사실에 관해 담당자와 이야기를 나누고 싶다는 의사를 밝히며 끝을 맺습니다.

영어 　＿□✕

Official Complaint of Sexual Harassment

Dear Julia,

I am writing to notify you that Ken has been sexually harassing me. The following incidents have occurred:

– Approximately one month ago, Ken asked me out on a date. I said I wasn't interested and left.

– On May 15, 2022, Ken approached me during the afternoon break in the kitchen and started rubbing my shoulders.

– Ken sent me an email expressing his interest in dating me on June 3, 2022, telling me I was "hot." The email is attached.

I would appreciate the opportunity to meet with you so we could discuss this situation and how it can be addressed.

Sincerely,
Jane Takenaka

● address ~에 대처하다

051

병가 신청
Requesting a Sick Day

	우리말 _ □ ✕
제목	오늘 병가를 냅니다
인사 · 용건	조 님께 몸이 안 좋아서 오늘 병가를 신청하고자 합니다.
본문 · 세부 내용	하루 종일 메일을 주기적으로 확인할 예정이지만, 몸 상태가 나빠져 확인을 전혀 못 하는 상태가 되면 연락드리겠습니다. 에미 씨에게 메일을 보내 고객 팀과 하기로 되어 있는 회의를 진행해달라고 부탁하겠습니다.
마무리 · 후속 조치	궁금한 사항이 있으면 연락 주세요. 내일은 출근할 수 있기를 바랍니다! 감사합니다. 안나 드림

Ａ 📎 ☺ 🖼   (Send) (Save) (Cancel)

아침에 일어났는데 컨디션이 안 좋아서 회사에 갈 수 없을 때 쓸 수 있는 메일입니다. 갑자기 컨디션이 나빠지는 것은 어쩔 수 없는 일이지만, 후속 조치는 확실히 해서 당일 예정된 일정을 누구에게 부탁할지 명확하게 알려야 합니다. 메일 확인이 가능할지에 대해서도 언급합니다. 병가 신청 메일을 보내고 나면 편히 쉬면서 컨디션 관리에 최선을 다하는 것이 좋습니다.

영어 ＿ □ ✕

Sick today

Hi Joe,

Due to a personal illness, I'm going to take a paid sick day today.

I plan on checking my email periodically throughout the day but will let you know if my condition worsens and I need to go fully offline. I am going to email Emi to ask her to run the meeting I scheduled with the client team.

Please let me know if you have any questions. I hope to be back in the office tomorrow!

Best,

Anna

● paid 유급의 / worsen 악화되다

052

입원한 동료 위로
Comforting a Hospitalized Coworker

	우리말 _ □ ×
제목	금방 쾌유하시기를 바랍니다!
인사 · 용건	미키 님께 편찮으시다는 말을 듣고 걱정이 되었습니다. 회사에 있는 모두가 같은 마음일 것입니다.
본문 · 세부 내용	현재 치료를 잘 받고 계신다고 들었으니 금방 쾌유하시리라 믿습니다. 일은 걱정하지 마세요. 당신의 일을 대신해 줄 좋은 동료들이 많이 있습니다.
마무리 · 후속 조치	지금 당신이 해야 하는 일은 건강을 회복하는 것입니다. 우리 모두가 바라고 있습니다. 몸조리 잘하세요. 야마모토 조 드림

A 🔗 ☺ 🖼   Send   Save   Cancel

● 입원한 동료에게 보내는 메일입니다. 목적은 쾌유를 빌고, 일은 걱정하지 말고 안심하라는 말을 전하는 것입니다. 입원한 당사자는 여러모로 걱정이 많을 테니 동료에게 이런 말을 들으면 한결 마음이 편해질 것입니다. 어떤 분야든 일할 때는 팀워크가 매우 중요하므로, 힘들 때 서로 도와야 합니다. "Your job now is to get well."은 아픈 사람에게 쓸 수 있는 문구입니다.

Get well soon!

Dear Miki,

I am sad to hear of your illness. I am sure everyone here at work feels the same.

We understand that you are in good hands now, so we have confidence in your speedy recovery. Don't give a second thought to work. You have a lot of good friends who are taking up the slack.

Your job now is to get well. Best wishes from all of us.

Best regards,
Joe Yamamoto

053

동료 가족에 대한 애도 표현
Expressing Condolences to a Colleague

	우리말 _ ▢ ✕
제목	애도 표현과 장례식에 관한 정보
인사 · 용건	여러분께 지난 토요일 밤, 페어팩스 근처에서 일어난 자동차 사고로 부친을 잃은 안나 리 씨께 애도를 표합니다.
본문 · 세부 내용	우리는 모두 그가 안나 씨의 성과를 얼마나 자랑스러워했는지 알고 있습니다. 그녀를 위해 마음을 담아 기도드립니다.
마무리 · 후속 조치	장례식은 수요일 오후 3시 페어팩스 지역 교회에서 열릴 예정입니다. 헌화를 원하시는 분은 메인 데스크의 줄리아 루카스 씨에게 말씀해 주세요. 장례식 참석을 희망하시는 동료분들은 조퇴하셔도 됩니다. 안녕히 계십시오. 야마모토 조 드림

A 📎 ☺ 🖼   Send   Save   Cancel

○ 직원들에게 동료의 부친이 사망했다는 소식을 알리고 있습니다. 앞부분에서 사고 사실과 동료를 걱정하는 마음을 전하고 있습니다. 본문에서는 사망하신 분에 대한 이야기를 짧게 하고 있습니다. 만약 모두가 알고 있는 사실이 있다면, 그것을 언급하는 것도 좋습니다. 마지막으로 장례식에 대한 구체적인 정보를 알려주면서 끝을 맺습니다.

영어   _ □ ✕

Our sincere condolences and funeral arrangements

Dear All,

Our hearts go out to Anna Li who lost her father in an automobile accident near Fairfax last Saturday night.

We all know how proud he was of Anna's accomplishments. Our thoughts and prayers are with Anna at this time.

A funeral service will be held at 3:00 pm Wednesday at the Fairfax Community Church. Those wishing to contribute to a floral arrangement should see Julia Lucas at the main desk. Anna's coworkers who wish to attend the service will be excused from work.

Sincerely,

Joe Yamamoto

042 송장 확인 요청

○ 172쪽 참조

인사·용건

> 불편을 끼쳐드려 정말 죄송합니다.

We sincerely apologize for any inconvenience caused to you.

본문·세부 내용

> 당사의 경리부가 과다 청구한 잘못된 청구서를 보내드려 죄송합니다. 제대로 된 청구서를 보내드립니다.

We regret that our account department sent a wrong invoice which reflected overcharges. Please find the copy of the correct invoice.

> 이 문제를 지적해 주셔서 감사합니다. 앞으로 이런 실수가 일어나지 않도록 프로세스의 효율성을 높이고 있습니다.

We would like to thank you for bringing this issue into our attention. We are streamlining our process so that such mistakes can be avoided in the future.

● streamline ~을 합리화하다, ~을 능률화하다

마무리·후속 조치

> 다시 한번 사과의 말씀을 드립니다.

Please accept our apologies once again.

043 **소액 현금의 승인 요청**

○ 174쪽 참조

인사·용건
> 소액 현금 74달러에 대한 관리자의 승인 허가를 받을 수 있을까요?

May I ask the permission of your supervisor to approve my petty cash request for $74?

본문·세부 내용
> 우리 고객인 앨리슨 씨가 처음 도쿄에 오시는 것이라서 점심 식사를 대접해야 할 것 같습니다.

I need to take our client Alison for lunch after she arrives in Tokyo for the first time.

마무리·후속 조치
> 시간 내주셔서 감사합니다.

Thank you for your time in advance.

044 전화·영상 회의 요청

● 176쪽 참조

인사 · 용건

> 2022년 6월 22일 월요일 오전 9시부터 광고 예산에 관한 전화 회의가 열리니 참석해 주십시오.

You are invited to join a conference call about our advertising budget on Monday, June 22, 2022 at 9 am.

> 2022년 6월 22일 월요일 오전 9시에 열리는 전화 회의에 관한 정식 안내입니다.

This is a formal request to hold a conference call on Monday, June 22, 2022 at 9 am.

> 전화 회의 서비스 전화번호는 555-555-5555이며, 참여 코드는 5555555입니다.

The conference call service number is 555-555-5555 and the call-in code is 5555555.

본문 · 세부 내용

> 내일 오전 11시부터 열리는 회의에 참석할 수 있으신가요? 30분 이상은 걸리지 않을 것입니다.

Would you be available tomorrow at 11 am for a meeting? It should not take more than 30 minutes.

마무리 · 후속 조치

> 회의 전에 질문이나 의견이 있으시면, 편하게 연락 주세요.

If you have any further questions or comments prior to the call, feel free to contact me.

045 회의 일정 변경

⊙ 178쪽 참조

인사 · 용건
> 부득이한 사정으로 회의 일정을 변경합니다.

Because of some unavoidable circumstances, I have to reschedule our meeting.

본문 · 세부 내용
> 아쉽지만, 2월 20일 월요일 오전 9시에 예정되어 있던 회의를 취소해야 한다는 말씀을 전합니다.

I am writing to let you know that unfortunately, I must cancel the meeting that we had scheduled for Monday, February 20 at 9 am.

> 새로운 일정이 여러분의 사정에 잘 맞기를 바랍니다.

I hope this new schedule will suit everyone.

마무리 · 후속 조치
> 약속을 변경하고, 그로 인해 불편을 끼쳐 죄송하다는 말씀을 드립니다. 가까운 시일 내에 뵐 수 있기를 바랍니다.

I apologize for needing to reschedule our appointment and for any inconvenience that this change might create. I look forward to seeing you in the near future.

> 새로운 일정과 관련하여 문제가 있다면, 가능한 한 빨리 연락 주세요.

If any of you have a problem with this new schedule, please inform me at your earliest convenience.

● at one's earliest convenience 가능한 한 빨리

PART 2 비즈니스 영어 이메일

CHAPTER 5 사내

046 **설문 조사 의뢰**

● 180쪽 참조

인사 · 용건 > 간단한 조사에 참여해 주시기를 부탁드리고자 메일을 보냅니다.

I am writing to you to request your participation in a brief survey.

본문 · 세부 내용 > 조사가 간단하여 5분 정도면 끝내실 수 있습니다. 웹사이트에서 하는 조사이므로, 아래에 있는 링크를 클릭해 주세요.

The survey is very brief and will only take about five minutes to complete. Please click the link below to go to the survey website.

> 조사 참여는 전적으로 자의에 맡기며, 모든 응답은 부외비에 부칠 것입니다.

Your participation in the survey is completely voluntary and all of your responses will be kept confidential.

● confidential 비밀의, 부외비의

마무리 · 후속 조치 > 시간 내어 협력해 주셔서 감사합니다.

Thank you very much for your time and cooperation.

047 작업 결과물에 대한 감사 인사

○ 182쪽 참조

인사 · 용건

> 경영진을 대표하여 MM 프로젝트에서 당신이 거둔 뛰어난 실적에 감사드립니다.

On behalf of the management team, I would like to extend our appreciation for the amazing work done by you on the MM project.

본문 · 세부 내용

> 당신이 얼마나 우수하며, 우리가 얼마나 감사해하고 있는지 아셨으면 좋겠습니다.

We just wanted to make sure you know how much you are valued and appreciated.

> 경영진은 당신이 얼마나 열심히 노력하고 있는지 잘 알고 있습니다.

The management team knows the amount of effort that you put into your job.

마무리 · 후속 조치

> 당신의 성실함과 자발적 의지, 헌신은 팀 전체를 고무시키는 원동력이 됩니다.

Your diligence, self-motivation as well as dedication have been a source of inspiration for the rest of the team.

> 에밀리 씨, 최근 몇 개월 동안 그리고 그보다 훨씬 더 이전부터 성실함으로 회사에 공헌해 주셔서 감사드립니다. 당신의 노고에 감사를 표합니다.

Thank you, Emily, for your hard work and dedication to this company both throughout the past few months and even before that. We really appreciate all that you do.

048 전근 희망

● 184쪽 참조

인사 · 용건
> 도쿄 사무실에서 싱가포르 사무실의 유사한 자리로의 전근을 정식으로 요청하고자 이 메일을 씁니다.

I am writing this email as a formal request to transfer my position from the Tokyo office to a similar position at the Singapore office.

본문 · 세부 내용
> 지난 6년 동안 도쿄 사무실에서 근무했으나 이제는 새로운 도전을 해보고 싶습니다.

I have maintained my position at the Tokyo office for the past six years and now I would like to take on a new challenge.

> 이 일에 관해서 저의 직속 상사인 마쓰우라 씨께는 이미 말씀드렸습니다.

I have already informed my immediate superior, Mr. Matsuura, on this matter.

● immediate superior 직속 상사

마무리 · 후속 조치
> 저의 지원에 대해 숙고해 주셔서 진심으로 감사드립니다.

Thank you so much for considering my application.

049 **상사에게 하는 반대 의사 표현**

○ 186쪽 참조

인사 · 용건

> 최근에 있었던 실적 평가와 관련하여 이 메일을 씁니다.

I am writing this letter with regard to the recent performance evaluation.

본문 · 세부 내용

> 죄송하지만, 저는 동의할 수가 없습니다.

I'm afraid I can't agree.

> 어쩌면 그것은 최선의 방법이 아닐지도 모릅니다.

Maybe that's not the best direction.

> 웹사이트의 새 디자인에 드는 비용이 과도하다는 우려에 대해서는, 죄송하지만 찬성하기 힘듭니다.

With regard to your concerns about the cost of the new website design being excessive, I'm afraid that I cannot agree with your opinion.

● excessive 과도의, 지나친

마무리 · 후속 조치

> 이 건에 관하여 더 자세하게 논의하고 싶으시다면, 저의 휴대전화 번호 555-555-5555로 편하게 연락 주세요.

If you want to discuss this matter further, please don't hesitate to contact me on my mobile, 555-555-5555.

050 직장 내 괴롭힘에 대한 항의

○ 188쪽 참조

인사 · 용건

> 다카기 씨의 무례하고 부적절한 행동에 관해 말씀드리고 싶습니다.

I will like to bring to your attention the rude and incompetent behavior of Mr. Takagi.

● incompetent 무능한, 부적절한

> 그는 정신적으로 저를 괴롭히고 있으며, 제가 임시직인 점을 악용하고 있음을 알려드립니다.

I wish to bring to your notice that he has been harassing me mentally and taking undue advantage of my temporary appointment.

● bring to one's notice ~을 알리다 / undue 부당한

본문 · 세부 내용

> 괴롭힘은 제가 처음 이 부서로 이동한 7월 14일에 시작되었습니다. 그는 이 부서에 아시아인이 있다는 사실이 마음에 들지 않는다고 말했습니다. 그날 이후 거의 매일 지속되고 있습니다.

The harassment began on July 14 when I was first transferred to this department and he said he didn't like having an Asian in his department. It has continued almost every day since.

> 거의 대부분은 언어적 괴롭힘이지만, 다카기 씨에게서 받은 2건의 보이스메일 녹음과 1건의 이메일을 가지고 있습니다. 또 언어폭력을 들은 목격자 두 명도 협력해줄 것입니다.

While most of the abuses have been verbal, I have the recordings of two voicemails and one email from Mr. Takagi. I also have the collaboration of two witnesses who have heard the verbal abuse.

● witness 증인, 목격자

8

마무리 · 후속 조치	

> 만나서 이 상황에 어떻게 대응해야 할지 논의할 수 있는 기회를 마련해 주시면 감사하겠습니다.

I would appreciate the opportunity to meet with you so we could discuss this situation and how it can be addressed.

> 이 문제에 대응하는 필요한 조치를 취해주시기 부탁드립니다.

I request that you kindly take up the matter and take any necessary action.

> 이 문제에 관심을 가져주셔서 감사드립니다. 필요하다면 추가적인 정보를 제공해 드리겠습니다.

Thank you for looking into this matter for me. I'm happy to give you any additional information as needed.

● look into ~ ~을 조사하다, 주의 깊게 살피다

051 병가 신청

● 190쪽 참조

인사·용건

> 감기에 걸려 내일 4월 2일에는 출근하지 않고 쉬면서 컨디션 회복에 힘쓰고 싶습니다.

I've come down with the flu and will not be coming in tomorrow, April 2, so I can rest and recover.

● come down with ~ ~에 걸리다, ~로 몸져눕다

> 장염으로 오늘 출근하기 어렵다는 말씀을 드리고자 메일을 씁니다.

I'm emailing to inform you that I can't make it to work today, as I've come down with a stomach flu.

● make it to ~ ~에 이르다 / stomach flu 장염

본문·세부 내용

> 금요일 회의 보고서에 관해서는 멜로디 씨에게 준비를 부탁했습니다.

I've asked Melody to prepare the report for our meeting on Friday.

> 급한 용건이 있으시면 메일로 답변드릴 수 있겠으나 마감 기한에 맞출 수 있도록 오늘은 앤디 씨가 저의 업무를 처리해 줄 것입니다.

I'll be available to answer emails if you need urgent help, but Andy will handle my workload today to ensure all deadlines are met.

마무리·후속 조치

> 급한 일이 생기면 메일로 확인하겠습니다.

I will try to check emails if you need anything urgent.

> 협조해 주셔서 감사합니다.

Thank you for your help.

052 **입원한 동료 위로**

○ 192쪽 참조

인사 · 용건
> 늘 건강하던 당신이 편찮으시다는 소식을 듣고 모두가 깜짝 놀랐습니다.

We were all surprised to hear you had suddenly taken ill; you have always been so healthy.

> 당신이 편찮으시다는 말을 듣고 다들 혼란스러워하고 있습니다. 모두 당신을 위해 기도하며 그리워하고 있습니다.

We were upset to hear that you have been taken ill. Everyone has been saying a prayer for you, and we all miss you here at work.

본문 · 세부 내용
> 입원 중에는 아무 걱정하지 마세요. 모두가 협력하여 서로 돕고 있습니다.

During your time in the hospital, do not worry about anything. Everyone is pulling together to help out.

● pull together 협력하다

마무리 · 후속 조치
> 몸조리 잘하시고, 건강 회복에만 신경 쓰시길 바랍니다. 모두가 당신을 생각하며 빨리 쾌차하시기를 바라고 있습니다.

Please take care and just focus on getting better. We are all thinking of you and praying for a speedy recovery.

> 다시 한번 쾌유를 빕니다. 몸조리 잘하세요.

Again, you are in our hearts and prayers. Take care.

053 동료 가족에 대한 애도 표현

● 194쪽 참조

인사·용건

> 소중한 분을 잃으셨다니 대단히 안타깝습니다. 제이슨 씨는 훌륭한 분이셨으며 진심으로 그리울 것입니다.
> **I am so sorry for your loss. Jason was a wonderful person who will be so sorely missed.**

본문·세부 내용

> 삼가 애도를 표하며, 당신을 위해 기도합니다.
> **Please accept my condolences and know that you are in my prayers.**

> 대단히 힘든 시간을 보내고 계시는 당신께 애도를 표합니다.
> **My heart goes out to you during this incredibly difficult time.**

마무리·후속 조치

> 당신과 가족분들께 진심으로 애도를 표하며, 만약 제 도움이 필요한 일이 있다면 편하게 말씀해 주세요.
> **Please accept my condolences to both you and your family, and if there is anything I can do, don't hesitate to ask.**

● condolence 애도, 조의

> 제가 할 수 있는 일이 있거나 이야기를 나눌 상대가 필요하시면, 언제든 연락 주세요.
> **If there is anything I can do to help, or if you just need to talk, then I'm always there for you.**

채용 · 이직

● 　　　구직은 신입이든 경력이든 누구나 힘든 일입니다. 구직을 위한 메일을 작성할 때는 자신 있는 말투로 자신을 소개해야 하지만 항상 정중한 태도를 잃지 않아야 합니다. 글로벌 기업의 경우 수시채용의 방식을 선호하기 때문에 인사 담당자들과의 인적 네트워크는 큰 자산이 될 것입니다.

CHAPTER 8

일자리에 관한 면담 요청 1
Requesting a Meeting about a Job 1

우리말   _ □ ✕

제목	일자리 문의: 요코타 미키

인사 · 용건

올리버 님께

최근 마케팅 믹스의 온라인 매거진에서 ABC 컨설팅이 디지털 마케팅에 대해 새롭게 접근하고 있다는 기사를 읽었습니다. 그래서 마케팅 관련 직원을 모집 중인 것은 아닌지 여쭤보고 싶어 연락드립니다.

본문 · 세부 내용

저는 지역 패스트푸드점 중 한 곳에서 마케팅 전략 담당자로 5년간 일한 경험이 있습니다. 제가 재직하는 동안 웹사이트 조회 수가 140퍼센트 증가했고, 고객 유치 비용이 20퍼센트 감소했습니다. 게다가 그 기간 매출은 60퍼센트 증가했습니다.

마무리 · 후속 조치

참고용으로 저의 이력서를 첨부합니다. 저의 경험과 능력이 귀사에 얼마나 도움을 드릴 수 있을지에 관해, 귀하나 마케팅팀원 중 한 분과 만나 이야기를 나눌 기회를 마련해 주신다면 감사하겠습니다. 시간 내어 검토해 주셔서 감사드립니다. 가까운 시일 안에 이야기 나눌 수 있기를 기대하겠습니다.

잘 부탁드립니다.
요코타 미키 드림

A ⬿ ☺ ⬚   Send   Save   Cancel

지인 등의 소개가 없는 사이에 면접 기회를 요청하는 상황입니다. 이 예시는 온라인 기사를 읽고 그 회사에 관심을 가지게 된 발신자가 보내는 메일입니다. 본문에서 구체적인 수치를 언급하면서 자기소개를 한 뒤, 이력서를 첨부했다는 말을 하면서 면접을 볼 수 있는지 물어보는 말로 글을 맺고 있습니다. 이럴 때 유용하게 쓸 수 있는 표현 "Thank you for your time and consideration."을 기억해두면 좋겠습니다.

영어   _ □ ✕

Job Inquiry: Miki Yokota

Dear Ms. Oliver,

I recently read an article about ABC Consulting's new approach to digital marketing in Marketing Mix Magazine Online, and I'm writing to inquire whether you have any marketing positions open.

I have five years of experience working as a Marketing Strategist for one of our local fast food stores. During my time in this role, I increased the number of website page views by 140 percent and reduced the cost of customer acquisition by 20 percent. In addition, our sales increased by 60 percent during that time.

I have attached my resume for your consideration. I would appreciate an opportunity to talk with you or a member of the marketing team to see how my experience and skills could benefit your company. Thank you for your time and consideration. I look forward to speaking with you in the near future.

Sincerely,
Miki Yokota

055

일자리에 관한 면담 요청 2
Requesting a Meeting about a Job 2

우리말	**_ □ ✕**

제목

정보 수집을 위한 가벼운 면담 요청

인사 · 용건

램지 님께

제 이름은 스기야마 캐시로, **XYZ Nonprofit**의 현 채용 담당
자입니다. 저는 지난 3년간 채용 담당자로 일해 왔습니다. 그리
고 더 큰 회사의 채용 담당자로 이직하는 데 관심이 있습니다.

본문 · 세부 내용

저는 마케팅 분야에서 일한 적이 있으며, 동종 업체에서 저의
현재 능력을 발휘하고 싶습니다. 이 분야와 관련된 기회와 귀
하의 경험을 들려 주신다면 감사하겠습니다. 인터뷰를 할 시간
을 내주신다면 제가 그 일정에 기꺼이 맞추겠습니다.

마무리 · 후속 조치

참고하시면 좋을 것 같아서 저의 이력서를 첨부했습니다. 짧게
라도 대화를 나눌 시간이 되시면, 저에게 알려 주시길 바랍니
다. 연락 기다리겠습니다.

감사합니다.
스기야마 캐시 드림

A ◍ ☺ ⊠   Send   Save   Cancel

구직 · 이직 희망자가 비공식적인 만남을 요청하는 내용입니다. 소개하는 사람이 없으므로, 발신자의 바람이 실제로 이루어질지는 모르겠습니다. 다만 본문에서 간단하게라도 자신의 경력을 언급하면, 만남의 가능성이 높아질 것입니다. 상대방의 심리적 부담을 줄이기 위해 비공식적이고 가벼운 면담(informational interview), 오래 걸리지 않는 대화(brief conversation)라는 표현을 쓰고 있습니다.

영어   _ □ ✕

Request for an informational interview

Dear Mr. Ramsey,

My name is Kathy Sugiyama, and I am currently a recruitment associate for XYZ Nonprofit. I have been working as a recruiter for the past three years. I am interested in moving to a recruitment position in a larger corporation.

I used to work in the marketing industry and would love to bring my current skills to a similar company. I would appreciate hearing about any opportunities and your experience in this field. I would love to arrange a time to meet with you for an informational interview.

I have attached my resume for your review. If you have time for a brief conversation, please let me know. I look forward to hearing from you.

Sincerely,
Kathy Sugiyama

056

취업을 위한 인맥 형성
Networking for a Job

우리말   _ ☐ ✕

제목	LinkedIn을 통해 알게 됐습니다

인사 · 용건

엘리스 님께

저는 크라운 대학에 다니는 3학년 학생입니다. LinkedIn에서 당신이 **ABC** 컨설팅 시장 조사 연구원으로 일하고 있다는 사실을 알게 되었습니다.

본문 · 세부 내용

저는 이 분야의 진로에 관심이 많습니다. 그래서 지금까지 당신이 어떻게 경력을 쌓아왔는지 배울 수 있는 기회를 주신다면 진심으로 감사드리겠습니다. 앞으로 몇 주 동안 언제든 30분 정도 시간을 내주신다면, 전화상으로 몇 가지 여쭤보고 싶습니다.

마무리 · 후속 조치

이 메일 주소나 555-555-5555로 연락 주시면 됩니다. 시간을 내주신다면 정말 감사하겠습니다!

잘 부탁드립니다.
야마다 가즈 드림

Ａ 📎 ☺ 🖼   Send   Save   Cancel

⊙ 대학생이 진로와 관련된 정보 수집과 인맥 형성을 위해 보내는 메일입니다. LinkedIn을 통해 상대방에 대해 알게 되었고, 상대방과 같은 진로에 관심이 있으며, 어떻게 지금의 위치에 이를 수 있었는지 알고 싶다는 바람을 전합니다. 전화로 몇 가지 질문을 하고 싶다는 부탁과 함께 자신의 연락처를 남기면서 마무리 지었습니다. 소개해주는 사람은 없지만, 호감을 줄 수 있는 어투와 내용으로 쓰는 것이 중요합니다.

You are impressive on LinkedIn

Dear Ms. Ellis,

I am a junior at Crown College. Through LinkedIn, I found that you work as a Market Researcher at ABC Consulting.

I am fascinated by this career path, and would greatly appreciate the opportunity to learn from you about how you got to where you are today. I would love to schedule a time to ask you a few questions over the phone if you have an available half hour in the next few weeks.

You can reach me at this email or at 555-555-5555. I really appreciate your help!

Sincerely,
Kaz Yamada

057

경력에 관한 조언 요청
Asking for Career Advice

우리말	_ □ ✕

제목

조언 요청

인사 · 용건

오치아이 다이스케 님께

제가 상하이 회사에 입사하게 된 사실과 관련하여 조언을 얻고 싶습니다.

본문 · 세부 내용

이번 일이 저의 경력 쌓기에 큰 기회가 될 것이라고 생각합니다. 하지만 다른 지역으로 옮기는 것은 늘 위험을 동반하는 일이므로, 아직 결정을 내리지 못하고 있습니다. 저는 현재 도쿄에서 안정된 직장에 다니면서 가족들과 함께 살고 있습니다. 가족과 함께 가야 할지 아니면 혼자 가야 할지 옳은 결정을 내릴 수 있도록 저에게 조언을 해주셨으면 합니다.

마무리 · 후속 조치

제 인생에서 중요한 결정을 내릴 수 있도록 도와주시길 부탁드립니다. 당신은 제가 늘 의지하는 분입니다. 참고하시라고 상하이 컨설팅 회사에서 보낸 채용 서류도 첨부합니다.

연락을 기다리겠습니다.

감사합니다.
기무라 유코 드림

Send Save Cancel

● 평소 신뢰하는 사람에게 이직에 대한 상담을 요청하는 메일입니다. 자신의 멘토에게 상하이 회사로 이동하는 것이 좋을지, 그렇다면 가족을 데리고 가야 할지 등을 물어보고 싶어 합니다. 서두에서 자신의 용건을 간단히 말하고, 본문에서 고민하는 부분을 구체적으로 설명하고 있습니다. 마무리 파트에 조언을 듣고 싶다는 말과 상하이 회사에서 받은 채용 서류를 첨부했다는 말을 덧붙이고 있습니다.

영어 ＿ □ ✕

Asking for Advice

Dear Mr. Daisuke Ochiai,

I would like to seek your advice about me joining a company in Shanghai.

I feel this is an excellent opportunity for my career growth but still undecided as shifting to another location is always risky. I have a stable job and my family here in Tokyo. Please advise me so that I can reach the right decision to move with my family or should I move alone.

Please help me make this significant decision in my life. You are the one who I can always count on. I am also attaching a copy of the employment letter from Shanghai Consulting Company for your reference.

I look forward to hearing from you.

Sincerely,
Yuko Kimura

058

지인의 소개
Introduction from an Acquaintance

제목	로버트 데이비스 씨의 소개: 요코타 미키

인사 · 용건

요한손 님께

최근 광고에 나온 '시니어 카피라이터' 일자리와 관련해 메일을 드립니다. 아울러 제 지원서를 검토해 주신다면 정말 감사하겠습니다.

본문 · 세부 내용

로버트 데이비스 씨는 이 업무와 관련하여 귀하께 연락해 보라고 제안해 주었습니다. 로버트와 저는 지난 7년간 함께 일했으며, 그는 저의 경험과 열정이 귀사의 성공에 도움이 될 것이라고 믿고 있습니다.

마무리 · 후속 조치

저의 자격사항과 능력에 대해 질문이 있으시면, 편하게 전화하시거나 이메일을 보내주세요.

저의 이력서를 검토해 주셔서 다시 한번 감사드립니다. 가까운 시일에 답변 받을 수 있기를 기대하고 있겠습니다.

잘 부탁드립니다.
요코타 미키 드림

Ａ 📎 ☺ 🖼   Send   Save   Cancel

이 예시는 두 사람이 모두 아는 지인의 소개를 받아 기업이 모집 중인 자리에 지원하고 싶다는 뜻을 전하는 메일입니다. 소개하는 사람이 있고, 회사가 현재 사람을 모집 중인 만큼 면접을 볼 가능성이 높은 상황이라고 볼 수 있습니다. 제목에서부터 소개하는 사람의 이름을 명확히 밝히고, 본문에서 그와의 관계, 추천 이유 등을 구체적으로 설명합니다. 감사의 마음을 전하고 면접 연락을 기다린다는 말로 글을 맺고 있습니다.

Introduction from Robert Davis: Miki Yokota

Dear Ms. Johansson,

I am writing to you regarding the 'senior copy writer' position that was recently advertised, and would be most grateful if you would consider my application.

Robert Davis suggested that I contact you regarding this position. Robert and I have worked together for the past several years, and he believes my experience and enthusiasm would be beneficial to your organization's success.

If you have questions regarding my credentials and qualifications, please feel free to call or email me.

Again, thank you for reviewing my resume. I look forward to hearing from you in the near future.

Sincerely,
Miki Yokota

059

인재 추천
Recommending a Competent Worker

우리말 _ □ ×

| 제목 | 에밀리 씨를 소개합니다 |

인사 · 용건

돔 님께

제가 스즈키 마케팅 그룹에서 알게 되어 매우 기쁜 에밀리 피셔 씨를 소개하고자 이 메일을 보냅니다.

본문 · 세부 내용

저는 에밀리 씨와 여러 프로젝트에 참여해 함께 일해 왔습니다. 그녀는 10년 넘게 실무 경력을 쌓은 뛰어난 마케터입니다. 에밀리 씨는 조만간 뉴욕 지역에서 근무할 의향이 있으니, 마케팅 분야의 구직 활동과 관련하여 어떤 조언이든 해주시면 감사하겠습니다.

마무리 · 후속 조치

참고용으로 그녀의 이력서를 첨부했으니, emilyfisher@cmlanguage.com이나 888-888-8888로 연락하시면 됩니다. 어떤 식으로든 도와주신다면 감사하겠습니다.

잘 부탁드립니다.
아오야마 마유미 드림

A ⓤ ☺ ▱

Send Save Cancel

● 자신과 함께 일했던 직원 등 잘 아는 사람을 다른 사람에게 소개할 때 쓰는 메일입니다. 어떤 관계인지, 소개하고 싶은 이유는 무엇인지, 어떤 인재인지 등을 간결하게 정리하여 소개합니다. 자세한 사항은 첨부한 이력서를 보면 알 수 있으므로, 메일 자체를 길게 쓸 필요는 없습니다. 취업 시장이 유동적으로 움직이는 요즘에는 국내든 해외든 지인을 추천하는 경우가 늘고 있습니다.

영어 　_ □ ✕

Introducing Emily

Hi Dom,

I'm writing to introduce you to Emily Fisher, who I have the pleasure of being acquainted with through the Suzuki Marketing Group.

I have worked with Emily on several projects. She is a brilliant marketer with over ten years of experience.

Emily is interested in relocating to the New York area in the near future and would appreciate any recommendations you could offer her for conducting a job search for a marketing position.

I've attached her resume for your review and you can contact her at emilyfisher@cmlanguage.com or 888-888-8888. Thank you in advance for any assistance you can provide.

Kind regards,
Mayumi Aoyama

● be acquainted with ~ ~와 친분이 있다 / relocate 이주하다, 이사하다

060

프리랜서 추천
Recommending a Freelancer

우리말 _ □ ✕

제목 프리랜서 마케터 소개

인사 · 용건

데이비드 님께

예전에 저와 함께 일한 적이 있는 우수한 프리랜서 마케터 캐런 장 씨와 만나보시는 건 어떠신지요.

본문 · 세부 내용

그녀의 도움으로 우리는 마감 기한까지 프로젝트를 완료할 수 있었으며, 그녀의 업무 능력은 상당히 만족스러웠습니다.

마무리 · 후속 조치

당신도 그녀의 능력에 만족하시리라 생각합니다.
KarenZhang@cmlanguage.com으로 편하게 연락하셔서 제가 추천했다고 말씀하시면 됩니다.

그녀와 만나게 되신다면 저에게도 알려주세요.

감사합니다.
다나카 준코 드림

A 🔗 ☺ 🖼   Send   Save   Cancel

● 프리랜서로 일하는 사람을 지인에게 추천하는 메일입니다. 용건 파트에서 사람을 소개하고 싶다는 뜻과 함께 당사자와의 관계에 대해 간결하게 언급합니다. 본문에서는 함께 일한 경험을 설명하고, 마무리 파트에서는 상대방의 연락처를 알려주면서 연락해 보기를 권하고 있습니다. 상대방도 사람이 필요한 상황일 테니 고마워할 것입니다.

Introducing a freelance marketer

Hi David,

You may be interested in meeting Karen Zhang, an excellent freelance marketer I have worked with in the past.

She helped us complete our project within the deadline, and I have been very pleased with her work.

I think you'd enjoy working with her. Feel free to contact her at: KarenZhang@cmlanguage.com and say I recommended you contact her.

Let me know if you end up meeting with her.

Best regards,
Junko Tanaka

061

인턴십에 대한 감사 인사

Expressing Appreciation for an Internship Opportunity

우리말 _ □ ✕

제목	미요시 미키: 기회를 주셔서 감사합니다.

인사·용건

리 님께

ABC 컨설팅의 마케팅 인턴으로 3개월 동안 뜻깊은 시간을 보낼 수 있게 해주셔서 감사드립니다. 사내의 모든 부서를 경험하게 해주신 호의에 진심으로 감사 인사를 전합니다.

본문·세부 내용

저는 브레인스토밍 회의와 프레젠테이션을 참관할 수 있었고, 웹사이트의 콘텐츠를 작성해보기도 했습니다. 귀하께서는 컨설팅 회사가 실제 어떻게 돌아가는지 처음부터 볼 수 있게 해주셨습니다.

마무리·후속 조치

이제는 학교로 돌아가 마케팅 학위를 수료하고자 합니다. 이번 인턴십을 통해 앞으로 귀사와 같은 기업에서 일하고 싶다는 바람이 더 커졌습니다.

늘 도와주시고 저에게 기회를 주셔서 다시 한번 감사드립니다.

안녕히 계세요.

미요시 미키 드림

Send   Save   Cancel

● 3개월 동안 인턴으로 일한 학생이 회사의 상사에게 보내는 감사 메일입니다. 먼저 감사의 마음을 전한 뒤 본문에서 어떤 점을 배웠는지 구체적이고 상세하게 설명하고 있습니다. 마무리 부분에서는 이후 대학으로 돌아가 공부한 뒤 장래에는 인턴 경험을 활용하여 이 분야에 취직하고 싶다는 희망을 밝히고 있습니다. 마지막에 다시 한번 감사의 마음을 전하는 말을 덧붙이고 있습니다.

영어   _ ☐ ✕

Miki Miyoshi—Thank You for the Opportunity

Dear Ms. Lee,

Thank you so much for a rewarding three months as the Marketing Intern at ABC Consulting. I really appreciated your willingness to let me explore all of the departments within the company.

I was able to sit in on brainstorming meetings, presentations, write content for your website, and more. You really allowed me to see how a consulting company works, from the ground up.

I look forward to going back to school and completing my degree in Marketing Studies. This internship has only helped increase my desire to work for a company like yours in the future.

Thank you again for all of your support, and for all of the opportunities you have given me.

Sincerely,
Miki Miyoshi

● sit in on ~ ~을 참관하다, ~을 방청하다 / from the ground up 처음부터 끝까지, 철저하게

062

면접 요청
Requesting a Job Interview

우리말 _ □ ✕

| 제목 | 면접 의뢰 |

인사 · 용건

왕 님께

귀사의 시니어 데이터 애널리스트 직의 면접을 요청하고자 메일을 보냅니다. 귀사의 공식 사이트에서 그 자리를 모집 중이라는 사실을 알게 됐습니다.

본문 · 세부 내용

저는 지난 3년간 마케팅 분야에서 일했으며, 현재는 BBB E-Commerce사에서 데이터 애널리스트로 근무하고 있습니다. 명문 시카고 경영 대학에서 마케팅을 전공하여 경영학사 학위를 취득했습니다. 저는 평소에 철저한 분석을 통한 데이터를 기반으로 소비자 통찰을 도출하여 회사의 매출 향상에 기여해왔습니다.

마무리 · 후속 조치

귀사와 같은 우수한 기업에서 일하는 것은 제가 늘 갖고 있던 바람입니다. 그러니 면접 기회를 주신다면 매우 감사하겠습니다. 참고하시라고 저의 이력서와 자기소개서를 첨부했습니다.

잘 부탁드립니다.
안나 리 드림

A Ø ☺ ▣   Send   Save   Cancel

기업의 홈페이지에서 모집 공고를 보고 지원 메일을 보내는 상황입니다. 제목과 서두에서 면접을 보고 싶다는 뜻을 명확하게 밝힌 뒤, 본문에서 자신의 장점을 나열하고 있습니다. 자신 있는 말투를 쓰면서도 정중한 태도를 유지해야 합니다. 마지막에는 채용 담당자에게 감사 인사를 덧붙이는 것도 좋습니다.

영어   _ □ ✕

Request for an Interview

Dear Mr. Wang,

This letter is to request an interview for the position of Senior Data Analyst in your organization. I came to know that the position was open from your official website.

I have been working in the field of marketing for the last three years and I'm currently working in BBB E-Commerce as a data analyst. I have also done my bachelor's in business administration with specialization in marketing from the prominent Chicago School of Business. I have always brought data-driven consumer insights from in-depth analysis and helped drive sales for the organization.

It has always been a desire to work in an outstanding organization like yours. Therefore, I would be highly grateful if you could arrange for an interview. I have attached my resume and cover letter for your review.

Best regards,
Anna Li

● bachelor's in business administration 경영학사 학위 / drive ~을 추진하다

063

면접 출석 확인
Confirming Attendance of an Interview

	우리말 _ ☐ ✕
제목	면접 출석 확인: 안나 리
인사 · 용건	마쓰바라 님께 ABC 컨설팅 마케팅 애널리스트 직의 면접 기회를 주셔서 매우 감사드립니다.
본문 · 세부 내용	9월 29일 오후 5시에 실시하는 면접에 출석하겠습니다. 빠르게 성장하고 있는 스타트업 기업 중 하나인 귀사로부터 이런 기회를 얻게 되어 정말 영광으로 생각합니다.
마무리 · 후속 조치	관련 서류를 가지고 알려주신 시간에 맞춰 찾아가겠습니다. 감사합니다. 안녕히 계세요. 안나 리 드림

A 🔗 ☺ 🖼

Send   Save   Cancel

○ 응모한 회사의 면접 일시에 대한 안내 메일을 받고 나서 면접에 출석하겠다는 의사를 전하고 있습니다. 먼저 면접 기회를 준 점에 대해 감사 인사를 하는 것으로 글을 시작합니다. 본문에서는 일시 등 세부 내용을 확인하고, 끝부분에서 다시 한번 감사 인사를 하고 있습니다. 짧은 글이라도 긍정적이고 호의적인 분위기가 잘 전달되도록 쓰는 것이 좋습니다.

영어 _ □ ✕

Interview Confirmation—Anna Li

Dear Ms. Matsubara,

Thank you very much for the invitation to interview for the Marketing Analyst position at ABC Consulting.

I confirm my presence for the interview on September 29, at 5 pm. As it is one of the fastest growing startup companies, it is really my honor to have this opportunity.

I shall be present at the given time and address, with all the related documents. Thank You.

Sincerely,

Anna Li

064

면접 후 연락
Following-up after an Interview

	우리말　　　　　　　　　　　　　　　_ □ ×

제목

감사했습니다: 야마다 맥스

인사 · 용건

에밀리 님께

귀사의 마케팅 매니저 직과 관련하여 만나 뵙게 되어 영광이었습니다.

본문 · 세부 내용

귀사의 마케팅 부문이 계획하고 있는 새로운 방향성에 대해 듣고 난 뒤, 귀사에서 일하고 싶다는 바람이 더 커졌습니다. 소셜미디어와 웹 개발에 관한 저의 풍부한 경험으로 리브랜딩 프로젝트에 도움이 될 만한 괜찮은 아이디어를 이미 몇 가지 생각하고 있습니다.

마무리 · 후속 조치

시간 내어 저를 만나주셔서 감사합니다. 추후 상황에 대해 여쭤보기 위해 이번 주 후반에 연락드릴 예정이지만, 추가적인 질문이 있으시면 편하실 때 연락 주세요. 조만간 이야기를 나눌 수 있기를 기대하겠습니다.

감사합니다.
야마다 맥스 드림

A 🔗 ☺ 🖼　　　　　　　　Send　　Save　　Cancel

면접을 본 후 면접관이나 채용 담당자에게 보내는 메일입니다. 용건을 간결하게 말한 뒤 본문에서 상대방의 회사에 대해 알게 된 점과 입사에 더 관심을 가지게 되었다는 말을 하고 있습니다. 또 자신의 능력과 경험에 대한 언급도 있습니다. 마지막으로 감사 인사와 추가 질문이 있으면 편하게 연락해달라는 말로 마무리를 짓고 있습니다. 이 메일의 마무리 부분은 전형적인 형식이므로, 참고하여 적절하게 활용해 보시길 바랍니다.

영어 _ □ ✕

Thank you—Max Yamada

Dear Emily,

It was a pleasure to meet with you regarding the marketing manager position with your firm.

After hearing about the new direction you are planning to take with your marketing division, I am even more confident that I would be very interested in joining your group. With my strong experience in social media and web development, I have some great ideas already to help with the rebranding project.

Thank you for taking the time to meet with me. I'll be in touch later this week to follow up with you, but please don't hesitate to contact me at your convenience with any additional questions. I look forward to speaking with you soon.

Sincerely,
Max Yamada

● later this week 이번 주 후반에 / at one's convenience 편할 때

065

지원자에게 보내는 불합격 통보

Sending a Notification of Rejection to a Job Candidate

우리말 _ □ ✕

제목	취업 지원에 관하여: 스티브 왕 님께
인사 · 용건	스티브 왕 님께 ABC 컨설팅 채용에 관심을 가져주셔서 감사합니다.
본문 · 세부 내용	이번에 모집한 직의 자격 요건을 충족한 후보자를 채용했음을 이 메일을 통해 알려드립니다.
마무리 · 후속 조치	시간을 내어 저희 회사에 지원해 주셔서 진심으로 감사드리며, 앞으로 하시는 일에 행운이 함께하기를 바랍니다. 안녕히 계세요. 마쓰야마 가오리 드림 채용 매니저

A 🔗 ☺ 🖼   Send   Save   Cancel

● 인사 담당자가 채용에 응모해 준 지원자에게 안타깝지만 불합격 사실을 알리는 메일입니다. 자기 회사에 관심을 가져줘서 감사하다는 인사를 하면서 다른 후보자가 채용된 사실을 말합니다. 그리고 다시 한번 감사 인사를 한 다음, 후보자의 앞날에 행운이 있기를 바란다는 말로 끝을 맺고 있습니다. 매우 간결하게 필요한 말만 전하고 있는 메일입니다.

영어   _ □ ✕

Job Application—Mr. Steve Wang

Dear Mr. Wang,

Thank you very much for your interest in employment opportunities with ABC consulting.

This message is to inform you that we have selected a candidate who is a match for the job requirements of the position.

We appreciate you taking the time to apply for employment with our company and wish you the best of luck in your future endeavors.

Best regards,

Kaori Matsuyama
Hiring Manager

● match 적합한 사람 / job requirements 자격 요건

066

채용 제안 수락
Accepting a Job Offer

우리말   _ □ ✕

제목	안나 리: 채용 제안 수락

인사 · 용건

야마자키 님께

ABC 컨설팅의 어시스턴트 애널리스트 직 제안에 감사드리고 자 이 메일을 씁니다. 제안을 기쁘게 받아들이며, 2022년 8월 1일에 함께 일하기를 기대합니다.

본문 · 세부 내용

논의된 바와 같이, 저의 연봉은 60,000달러이며, 30일 근무 후에 생명보험과 건강보험을 제공받게 되는 것이지요.

소중한 기회를 주셔서 다시 한번 감사드립니다. 귀사의 팀에 합류할 수 있어서 기쁘고 설렙니다.

마무리 · 후속 조치

일을 시작하기 전에 필요한 추가 정보나 서류가 있다면 알려 주시기 바랍니다.

잘 부탁드립니다.
안나 리 드림

A 🔗 ☺ 🖼   Send   Save   Cancel

○ 구직자가 회사의 채용 제안을 수락하는 메일입니다. 먼저 용건 파트에서 채용 내정 사실에 감사 인사를 하고 제의에 수락한다는 말을 전합니다. 합격 통지서에 적혀 있었을 입사일에 관해서도 확인하고 있습니다. 본문에서는 확인을 위해 급여 등 채용 조건의 핵심 사항을 서면으로 남기고 있으며, 한 번 더 감사 인사를 하며 긍정적인 분위기로 마무리하고 있습니다.

영어	_ □ X

Anna Li—Job Offer Acceptance

Dear Ms. Yamazaki,

I am writing this letter to thank you for offering the position of Assistant Analyst at the ABC Consulting. I am delighted to accept the offer and look forward to working with the organization from August 1, 2022.

As discussed, my salary would be $60,000 along with life and health insurance that will be provided only after completing 30 days of work.

I would like to thank you again for this golden opportunity. I am pleased and excited to join the team.

If there is any additional information or paperwork you need prior to then, please let me know.

Sincerely,
Anna Li

● prior to ~ ~에 앞서, ~보다 먼저

067

채용 제안 거절
Declining a Job Offer

우리말   _ □ ✕

제목	일자리 제의에 관하여: 사쿠라이 우라라

인사 · 용건

호소카와 님께

ABC 컨설팅 국제사업부의 자리를 제안해 주셔서 감사드립니다.

본문 · 세부 내용

신중하게 검토한 결과, 그 자리는 출장이 너무 잦기 때문에 거절해야 할 것 같습니다. 아이들이 아직 어려서 함께 시간을 보내고 싶습니다.

마무리 · 후속 조치

만나 뵙게 되어 즐거웠습니다. 저를 선택해 주셔서 다시 한번 감사드립니다.

안녕히 계세요.
사쿠라이 우라라 드림

A 🔗 ☺ 🖼️   Send   Save   Cancel

채용자가 아쉽지만, 채용 제안을 거절하는 상황입니다. 요점만 간결하게 쓴 메일입니다. 먼저 서두에서 채용에 대한 감사의 뜻을 전하고, 이어서 본문에서 숙고 끝에 거절하기로 결정했다는 말과 함께 이유를 설명합니다. 후반부에는 면접과 검토에 시간을 할애해준 점에 대해 고맙다는 말을 덧붙이면서 거절 의사를 전하면서도 긍정적인 분위기를 유지하고 있습니다.

Job Offer—Urara Sakurai

Dear Ms. Hosokawa,

Thank you for offering me a position in the international division at ABC Consulting.

I have considered it carefully and must decline the offer because the position will require too much travel. I want to enjoy my children while they are young.

I enjoyed meeting with you. Thanks again for considering me.

Sincerely,
Urara Sakurai

● enjoy one's children 아이들과 함께 시간 보내는 것을 즐기다

068

추천에 대한 감사
Expressing Appreciation for a Referral

우리말   _ □ ✕

| 제목 | 추천해 주셔서 감사합니다 |

인사 · 용건

애슐리 님께

ABC 컨설팅의 주니어 컨설턴트 직에 저를 추천해 주셔서 정말 감사드립니다. 일부러 시간 내어 저를 그 자리에 추천해 주신 점 감사하게 생각합니다.

본문 · 세부 내용

다음 주에 채용 매니저와 면접을 보기로 했다는 좋은 소식을 알려드립니다. 매니저는 통화에서 저를 위해 써주신 추천서에서 좋은 인상을 받았다고 특별히 말씀해주셨습니다.

마무리 · 후속 조치

다시 한번 도와주셔서 감사하다는 말씀을 전합니다. 채용 절차가 진행되는 동안 계속 연락드리겠습니다.

안녕히 계세요.
와키다 미카 드림

A 🔗 ☺ 🖼   Send   Save   Cancel

면접 등을 위해 지인에게 소개서나 추천서를 부탁하는 경우가 있습니다. 이 예문은 추천서를 써준 지인에게 감사의 말을 전하는 메일입니다. 용건 파트에서 추천해줘서 감사하다는 말을 하고, 본문에서 그 결과를 알려주고 있습니다. 예시 메일에서는 추천서 덕분에 면접 기회를 얻었다고 보고하고 있네요. 이번 메일로 일단 감사의 뜻을 전한 뒤에 앞으로도 계속 결과에 대해 알려주겠다는 말로 마무리 짓고 있습니다.

영어 _ □ ✕

Thank you for the referral

Dear Ms. Ashley,

Thank you so very much for referring me for the Junior Consultant position at ABC Consulting. I am grateful for the time you spent recommending me for the job.

I wanted to share with you the exciting news that I have been selected for an interview with the hiring manager next week. When she called me, she specifically mentioned how impressed she was by the referral letter which you wrote on my behalf.

Again, thank you for your support. I'll keep you posted as I go through the hiring process.

Sincerely,
Mika Wakida

● on one's behalf ~을 위해

054 일자리에 관한 면담 요청 1 ➲ 210쪽 참조

인사·용건
> 지난 10년간 뉴스와 인터뷰, 웹 검색을 통해 당신의 경력을 지켜봐 왔습니다.

For the past ten years, I have followed your career through news events, interviews, and web research.

본문·세부 내용
> ABC 컨설팅 마케팅 부서의 신입직에 관심이 있으며, 저의 기업 브랜딩 지식을 활용해 보고 싶습니다.

I am interested in an entry-level role with ABC Consulting's Marketing division, hoping to leverage my knowledge of corporate branding.

● leverage ~을 활용하다

> 잠재적 입사 지원자 명단에 저의 이름도 포함해 주시면 감사하겠습니다. 저의 이력서를 첨부했습니다.

I would be grateful if you would add my name to your pool of potential job candidates; a copy of my resume is attached. ● potential 가능성이 있는, 잠재적인

마무리·후속 조치
> 이력서를 검토해 주셔서 다시 한번 감사드립니다. 가까운 시일 내에 연락받을 수 있기를 기다리고 있겠습니다.

Again, thank you for reviewing my resume. I look forward to hearing from you in the near future.

> 편리한 시간을 정할 수 있도록 귀하의 사무실로 전화드리겠습니다. 직접 뵙게 되기를 기대하고 있습니다.

I will call your office to set a convenient time. I do look forward to meeting you.

055 일자리에 관한 면담 요청 2

○ 212쪽 참조

인사 · 용건

> 저는 현재 진로 변경을 고려하면서 다른 일자리를 찾는 중입니다. 지금 일하고 있는 BBB사는 좋은 곳이지만, 저의 능력을 키우고 시야를 넓히고 싶습니다.

I am considering a career change and exploring career alternatives. Working at my current company BBB has been great, but I'd like to grow my skill set and expand my horizons.

● grow one's skill set 능력을 키우다 / horizon 시야, 영역

> 저의 상사인 제이슨 씨께 경험과 지식이 있는 분과 이야기를 나누고 싶다고 말씀드렸더니 바로 당신의 이름을 언급하시며 이야기를 나눠보라고 하셨습니다.

When I told my boss Jason that I wanted to talk with someone very experienced and knowledgeable about branding, he immediately offered your name and suggested that I should speak with you.

본문 · 세부 내용

> 앞으로 3주 동안 언제든 시간이 되신다면, 커피나 점심을 함께하면서 이야기를 나눠보고 싶습니다.

If you have some time to spare in the next three weeks, I hope that you can meet me for a cup of coffee or lunch.

> 바쁘시다면 제가 귀사로 찾아가 간단히(20~30분 정도) 이야기를 나누고 싶습니다.

If your calendar is too crowded, I could stop by your office for a quick (20- or 30-minute), casual discussion.

마무리 · 후속 조치

> 이 메시지를 읽으신 뒤 시간을 내주시면 감사하겠습니다. 배려에 감사드립니다!

I hope that this message gets through and that you have the time and interest to help me. Thank you for your consideration!

> 만날 수 있는 시간이 나신다면, 언제든 바로 연락 주세요. 시간을 많이 빼앗지 않겠다고 약속드리겠습니다.

Feel free to reach out to me at your earliest convenience if you're able to find time to meet. I promise not to take too much of your time!

● reach out to ~ ~에게 연락하다

056 **취업을 위한 인맥 형성**

⊙ 214쪽 참조

인사·용건

> 저는 가즈라고 합니다. 2020년에 크라운 대학을 졸업했습니다. 당신도 몇 년 전에 졸업하셨다는 사실은 알고 있었지만, 이번에 동문회 사이트에서 성함을 봤습니다.
> **My name is Kaz. I'm a 2018 grad from Crown College. I know you were a few years before me, and I came across your name on our alumni site.**

> 제가 지금 마케팅 분야에서 새로운 경력 기회를 찾고 있다는 사실을 알려드리고 싶어 짧게 메일을 보냅니다.
> **I'm dropping you a quick note to let you know that I'm currently searching for a new career opportunity in marketing.**

본문·세부 내용

> 경력에 관한 조언을 15~20분 정도 들려주신다면 감사하겠습니다.
> **I'd love to get your career advice for 15–20 minutes.**

마무리·후속 조치

> 만나 뵐 수 있을까요? 편하신 시간에 맞추겠습니다.
> **Would it be possible for us to meet? I can work around whatever works for you.**

> 특히 크라운 대학을 졸업한 후에 어떤 선택을 하셨는지에 대해 듣고 싶습니다.
> **I'd especially love to know how you made your choices after graduating from Crown College.**

057 **경력에 관한 조언 요청**

▶ 216쪽 참조

인사 · 용건

> 저의 경력에 관해 조언을 해주신다면 감사하겠습니다.

I would appreciate it if you could give me some advice about my career.

본문 · 세부 내용

> 저의 요청에 응해야 할 의무가 있으신 건 아니지만, 당신은 저에게 가장 큰 도움을 주실 분입니다.

I know it's not your job to answer requests for advice; however, I believe you're the best person to help me.

> 시간을 귀중하게 여기는 분이라고 알고 있습니다. 편하실 때 15분 정도만 저에게 내주신다면 감사하겠습니다.

I know your time is precious, so I'd like to limit my request to 15 minutes of your time at your convenience.

마무리 · 후속 조치

> 또한 호의에 보답하기 위해 제가 할 수 있는 일이 있다면, 말씀해 주세요.

Also, if there's anything I can do to help return the favor, please let me know.

● return the favor 은혜를 갚다, 보답하다

058 **지인의 소개**

● 218쪽 참조

인사 · 용건

> 최근에 로버트 데이비스 씨와 대화를 나누다가 그가 당신께 연락을 해보라고 하셨습니다.
> **In a recent conversation with Robert Davis, he suggested I contact you.**

본문 · 세부 내용

> 그는 당신도 저에게 조언해 주실지도 모른다고 말씀하셨습니다.
> **He thought that perhaps you would be able to offer some guidance to me as well.**

> 요하손 씨, 저는 취업 기회를 기대하는 것이 아닙니다. 저는 그저 편하게 만나 창조 산업 분야와 현재 및 미래의 트렌드에 관해 이야기를 나누고 싶을 뿐입니다. 조언과 피드백을 주신다면 정말 감사하겠습니다.
> **Ms. Johansson, I don't expect there to be any job openings or opportunities for me. I would only like a brief meeting to discuss the creative industry as well as current and future trends. Your advice and feedback will be greatly appreciated.**

마무리 · 후속 조치

> 다음 주 초에 전화를 드려 만날 일정을 상의하고 싶습니다.
> **I will call you early next week to set up a convenient time to meet.**

> 잘 준비하여 간단히 끝낼 수 있도록 하겠습니다. 만나 뵐 수 있기를 기대하겠습니다.
> **I will come prepared and be brief. I look forward to meeting you.**

059 인재 추천

○ 220쪽 참조

인사·용건

> 에밀리 피셔 씨의 추천서를 쓸 수 있게 되어 영광입니다.

I am very pleased to write this letter of recommendation for Emily Fisher.

> 지난 4년간 마케팅 매니저로 근무한 에밀리 피셔 씨의 추천서를 쓸 수 있게 되어 기쁩니다.

It is with pleasure that I write this letter of recommendation for Emily Fisher who has served as marketing manager for the past four years.

본문·세부 내용

> 저는 20년이 넘는 세월 동안 많은 마케터와 함께 일해왔지만, 그녀는 그중에서도 특출한 인재입니다.

I have worked with many marketers over my 20-year career, and she stands out among them.

● stand out 눈에 띄다, 특출하다

마무리·후속 조치

> 궁금한 점이 있으시면, 당사에서 보여준 에밀리 씨의 활약에 대해 답변 드리겠습니다. 편하게 연락 주시길 부탁드립니다.

If you have any questions, I can answer about Emily's exceptional record with our company. Please do not hesitate to contact me.

> 만약 필요한 것이 있다면, 기꺼이 추가 정보 제공은 물론 질문에도 답변드리겠습니다.

I will be happy to provide additional information or answer any questions, if needed.

060 프리랜서 추천

⊙ 222쪽 참조

인사 · 용건

> 예전 동료인 캐런 장 씨를 추천합니다.

I am writing to recommend my ex-colleague Karen Zhang.

본문 · 세부 내용

> 그녀는 일 처리가 완벽하고 함께 일하기 편하며, 늘 제가 우려하는 점에 관해 상의하면서 질문에 답변도 해주는 사람입니다.

She is not only thorough but also easy to work with and always willing to take the time to discuss my concerns and respond to questions.

마무리 · 후속 조치

> 캐런에게 당신의 메일 주소를 전해주며, 그녀가 당신에게 도움이 될지도 모른다고 말했습니다.

I gave Karen your email address and suggested she might be of assistance to you.

> 더 궁금한 점이 있으시면, 편하게 연락 주세요.

If you have any further questions, please feel free to contact me.

061 인턴십에 대한 감사 인사

◎ 224쪽 참조

인사·용건

> 저에게 ABC 컨설팅의 인턴 기회를 주셔서 감사했습니다.

I want to thank you for giving me the opportunity to intern at ABC Consulting.

본문·세부 내용

> 6개월 동안 마케팅 업계에 관한 귀중한 통찰력을 얻었습니다.

I have gained valuable insight into the marketing industry over the past six months.

> 당신과 직원분들은 저를 크게 환영해 주시고 도와주셨으며, 경력에 대한 멋진 조언도 해주셨습니다.

You and your staff were extremely welcoming and helpful, and offered me terrific career advice.

● terrific 멋진, 훌륭한

마무리·후속 조치

> 앞으로도 계속 연락드리며, 나중에 마케팅 분야의 경력을 쌓기 위해 제가 어떻게 해야 하는지 이야기를 나눠보고 싶습니다.

I would love to stay in touch, and perhaps speak to you regarding steps I should take in the future to pursue a career in marketing.

● regarding ~에 관해

> 잊지 못할 6개월을 만들어주셔서 다시 한번 감사드립니다.

Once again, thank you for an amazing six months.

062 **면접 요청**

○ 226쪽 참조

인사 · 용건

> 귀사의 시니어 데이터 애널리스트 직의 면접을 보고 싶어서 이 메일을 씁니다.

This email is to bring to your notice that I would like to appear for an interview for the position of the senior data analyst in your organization.

● appear for an interview 면접을 보다

> 마케팅 분야에서 쌓은 저의 경력이 귀사의 일원이 되기에 적합하다고 생각합니다.

I believe that my experience in the field of marketing makes me suitable to become part of your organization.

본문 · 세부 내용

> 저의 성과와 관련된 여러 상을 받은 경험이 있습니다.

I have received numerous awards for my performance.

> 열정뿐만 아니라 뛰어난 작문 실력과 협업을 위해 다른 사람을 격려하는 능력도 갖추고 있습니다.

In addition to my enthusiasm, I will bring strong writing skills and the ability to encourage others to work cooperatively.

마무리 · 후속 조치

> 시간을 내어 제 지원서를 검토해 주셔서 감사드립니다.

Thank you for taking the time to consider my application.

> 저의 요청을 고려해 주셔서 정말로 감사합니다.

Thank you very much for considering this request.

063 면접 출석 확인

● 228쪽 참조

인사 · 용건

> ABC 컨설팅 마케팅 애널리스트 직의 면접 기회를 주셔서 감사드립니다.
>
> Thank you for your consideration and the invitation to interview for the Marketing Analyst role at ABC Consulting.

본문 · 세부 내용

> 이런 기회를 주셔서 감사드리며, 9월 29일 오후 5시에 귀사에서 뵙기를 즐거운 마음으로 기다리겠습니다.
>
> I appreciate the opportunity, and I look forward to meeting you on September 29 at 5 pm in your office.

> 이번 주 수요일 오후 5시라면 괜찮습니다. 그 자리에 대해 더 자세하게 이야기를 나눌 수 있기를 기대하겠습니다.
>
> I am available this Wednesday at 5:00 pm, and I look forward to meeting with you to discuss this position in more detail.

마무리 · 후속 조치

> 면접 전에 더 필요한 정보가 있으시면, 연락 주시길 바랍니다. 이런 기회를 주신 점에 대해 다시 한번 감사 인사를 전합니다.
>
> If I can provide you with any further information prior to the interview, please let me know. Thanks once again for the opportunity.

064 면접 후 연락

○ 230쪽 참조

인사 · 용건

> 소셜미디어 매니저직에 관해 이야기 나누는 시간을 내주셔서 감사 드립니다. 만나 뵙고 그 자리에 대해 더 많이 알게 되어 기뻤습니다.

Thank you for taking the time to speak with me about the Social Media Manager role. It was great to meet with you and learn more about the position.

본문 · 세부 내용

> 당신과 팀원분들을 만나서 반가웠습니다. 귀사의 현재 마케팅 프로 그램에 대해 듣고, 사무실을 안내받는 등 정말 즐거운 시간을 보냈 습니다.

It was great to meet you and your team, and I truly enjoyed learning about your current marketing program and touring your office.

> 귀사의 차기 소셜미디어 매니저가 그 분야에서 ABC 컨설팅의 존 재감을 높이고 브랜드 쇄신에 힘쓸 기회를 얻을 것이라는 말에 감 명을 받았습니다.

I was impressed by the opportunity your next Social Media Manager will have to build a strong, rebranded presence for ABC Consulting on social media.

마무리 · 후속 조치

> 추가적인 정보나 저의 작업물 샘플이 필요하시다면, 편하게 연락 주세요. 연락을 기다리겠습니다.

Please feel free to contact me if I can provide you with any further information or samples of my work. I look forward to hearing from you.

065 지원자에게 보내는 불합격 통보

➡ 232쪽 참조

인사 · 용건

> ABC 컨설팅 마케팅 애널리스트 직에 지원해 주셔서 감사드립니다.
Thank you for your application for the position of marketing analyst at ABC Consulting.

본문 · 세부 내용

> 대단히 아쉽지만, 다음 면접 전형에 선발되지 못하셨습니다.
I am sorry to inform you that you have not been selected for an interview for this position.

마무리 · 후속 조치

> 앞으로 성공적인 결과를 얻으실 수 있기를 바랍니다. 당사에 관심을 가져주셔서 다시 한번 감사드립니다.
Best wishes for a successful job search. Thank you, again, for your interest in our company.

> ABC 채용위원회에서 이번 마케팅 애널리스트직에 지원해 주셔서 감사하다는 말씀을 전합니다.
The ABC selection committee thanks you for the time you invested in applying for the marketing analyst position.

066 채용 제안 수락

○ 234쪽 참조

인사 · 용건

> 전화로 말씀드린 바와 같이 ABC 컨설팅의 광고 어시스턴트 직을 감사하는 마음으로 받아들이겠습니다.

As we discussed on the phone, I am very pleased to accept the position of Advertising Assistant with ABC Consulting.

> 어제 전화로 ABC 컨설팅의 마케팅부장직에 대해 이야기를 나눠서 좋았습니다. 설레는 마음으로 이 제안을 정식으로 받아들이겠습니다.

It was wonderful to speak with you on the phone yesterday about the Marketing Director role at ABC Company. I'm thrilled to formally accept this job offer.

본문 · 세부 내용

> 우리가 이야기한 바에 따르면, 저의 첫 출근일은 2022년 5월 13일 이며, 연봉은 55,000달러, 연 3주간의 유급휴가를 받게 되겠지요.

As we discussed, my start date will be May 13, 2022, with an annual salary of $55,000, and three weeks of paid annual leave.

> 기회를 주셔서 다시 한번 감사드립니다. 열정을 갖고 회사에 긍정적으로 기여하고 팀원분들과 협력하겠습니다.

Thank you again for the opportunity. I am eager to make a positive contribution to the company and to work with everyone on the team.

마무리 · 후속 조치

> 추가적인 정보나 필요한 서류가 있다면, 연락 주시길 바랍니다. 최대한 빨리 준비하겠습니다.

If there is any further information or documentation you need me to complete, kindly let me know, and I will arrange it as soon as possible.

067 **채용 제안 거절**

➲ 236쪽 참조

인사 · 용건

> ABC 컨설팅에서 일할 기회를 주셔서 감사드립니다. 그 일에 관해 논의하기 위해 시간을 내주신 점에 대해서도 진심으로 감사드립니다.

Thank you very much for offering me the opportunity to work at ABC Consulting. I appreciate the time you spent meeting with me to discuss the job.

본문 · 세부 내용

> 어려운 결정이었지만, 그 자리를 거절하기로 했습니다.

It was a difficult decision, but I will not be accepting the position.

> 어려운 결정이었지만, 다른 회사의 제안을 수락했습니다.

Though it was a difficult decision, I have accepted a position with another company.

마무리 · 후속 조치

> 시간 내어 검토해 주셔서 다시 한번 감사드립니다. 귀사의 지속적인 발전을 기원하며, 언젠가 다시 뵐 수 있기를 바랍니다.

Again, thank you for your time and consideration; best wishes in your continued success, and I hope our paths cross again in the future.

> 그 자리에 적합한 인재를 찾으시길 진심으로 바랍니다. 또 당신과 귀사가 하시는 모든 일에 성공이 가득하기를 기원합니다.

You have my best wishes in finding a suitable candidate for the position. I wish you and the company well in all future endeavors.

● endeavor 노력, 시도

068 추천에 대한 감사

○ 238쪽 참조

인사 · 용건

> ABC 컨설팅의 야마모토 존 씨를 소개해 주셔서 감사하다는 말씀을 전하고자 메일을 씁니다.

I'm writing today to thank you for introducing me to John Yamamoto at ABC Consulting.

> 일부러 시간 내어 채용위원회에 추천서를 보내주셔서 감사드립니다.

Thank you for voluntarily offering to provide your hiring committee with a referral on my behalf.

본문 · 세부 내용

> 마케팅 직의 면접 기회를 얻었을 뿐만 아니라 채용이 결정되어 2주 후에 연수가 시작될 예정입니다.

Not only did I get an interview for a marketing position, I was hired and I'll be starting my training in two weeks.

마무리 · 후속 조치

> 도움을 주셔서 다시 한번 감사드립니다. 저에게 주신 도움에 진심으로 감사하다는 말씀을 전하며, 앞으로도 면접 진행 상황에 대해 계속 연락드리겠습니다.

Again, thank you so much for your help. I greatly appreciate the assistance you have provided me; I'll keep you posted on how the interview goes!

> 호의에 보답하기 위해 제가 할 수 있는 일이 있다면 알려주셨으면 합니다. 도움을 주셔서 진심으로 감사드립니다.

Please let me know if I can ever do anything to return the favor. I truly appreciate what you've done for me.

인사(人事)

CHAPTER 9

● 　　　　사내의 입사와 퇴사, 승진 등 인사와 관련된 여러 가지 상황에 대한 메일입니다. 퇴사와 관련된 메일을 작성할 때에도 인사 담당자나 퇴직자 모두 밝은 태도와 말투로 긍정적인 인상을 주는 것이 좋습니다.

신입 사원 교육 요청
Requesting to Train a New Hire

우리말   _ □ X

제목	신입 사원을 환영합니다

인사 · 용건

닉 님께

새로 채용된 안나 리 씨가 8월 1일에 입사합니다. 그녀는 데이터 애널리스트로 당신 팀의 **XX** 프로젝트를 도울 예정입니다.

본문 · 세부 내용

안나 씨가 새로운 자리와 팀에 순조롭게 적응할 수 있게 도와주셨으면 합니다. 당신은 실무 경험과 긍정적 태도를 지녔기에, 안나 씨의 관리자로 첫 한 달 동안 함께 일하는 데 적합하다고 생각했습니다. 특히 이런 점을 부탁드립니다.

- 입사 첫날의 환영 인사
- 직원 소개
- 시스템과 사무실 환경에 관한 기본 정보 제공

그녀의 신입 직원 교육이 가능한 한 순조롭게 진행될 수 있도록 친절을 베풀어주시면 감사하겠습니다.

마무리·후속 조치

입사 첫날 안나 씨의 환영 인사에 대해 질문이나 논의가 필요하시면, 저에게 말씀해 주세요.

감사합니다.
기쿠치 료 드림

A ✎ 📎 ☺ 🖼   Send   Save   Cancel

이 예시는 상사가 새로운 사원의 연수를 담당할 직원에게 보내는 메일로, 부탁하고 싶은 바를 비교적 상세하게 알려주고 있습니다. 팀에 새로운 직원이 들어올 때 당일 어떤 환영 인사를 받는지에 따라 첫인상이 달라지며, 그것은 신입 직원의 동기 부여에도 큰 영향을 끼치게 됩니다. 환영받는 느낌을 줄 수 있으면 좋겠네요.

영어   _ □ ✕

Welcoming our new hire

Hi Nick,

On August 1, we will welcome a new hire, Anna Li. She will join us as data analyst, supporting XX project, working in your team.

I would like you to ensure that Anna transitions smoothly to her new position and the team. Thanks to your experience and positive attitude, I have selected you to serve as Anna's supervisor and work with her during the first month of employment.

I would like you to:

• Welcome Anna on her first day.

• Introduce her to our staff.

• Provide basic information about our system and office environment.

I appreciate your kindness to make her onboarding as smooth as possible.

If you have any questions or would like to discuss how to welcome Anna on her first day, please let me know.

Best,
Ryo Kikuchi

● transition 이행하다, 변하다 / onboarding 신입 직원 교육

070

신입 사원 환영 인사
Welcoming a New Hire

우리말 _ □ ×

제목	우리 팀에 오신 것을 환영합니다

인사 · 용건

샘 님께

우리 팀에 오신 것을 환영합니다! YY 디자인 컨설팅 팀에 오신 당신을 기쁜 마음으로 환영하는 바입니다. 당신의 합류 소식에 팀원 모두가 기대하고 있으며, 우리 회사에서 즐겁게 일하기를 바라고 있습니다.

본문 · 세부 내용

매월 첫 번째 월요일은 새로운 직원을 환영하는 특별한 점심시간이 있습니다. 다음 주에 꼭 오셔서 기존 팀원들과 이번 달에 합류하는 다른 신입 직원들을 만나보세요. 앨리스 엘드레드 씨가 메일로 더 상세하게 안내해 줄 것입니다.

마무리 · 후속 조치

연수 기간 질문이 있으시면, 저에게 편하게 연락하세요. 저의 이메일이나 사무실 번호 888-8888로 연락하시면 됩니다.

감사합니다.

마쓰야마 제이미 드림
경영 컨설턴트
YY 디자인

A 🔗 ☺ 🖼

Send   Save   Cancel

이직자나 신입 사원이 팀에 들어오는 당일, 상사가 새로운 팀원에게 보내는 메일입니다. 환영 인사와 곧 있을 만남, 질문이 생기면 언제든 연락하라는 말 등 필요한 내용을 간단하게 전달하고 있습니다. 입사하여 메일함을 열었을 때, 상사의 메일이 와 있으면 기쁘지 않을까요? 상사로서도 좋은 첫인상을 남길 수 있는 기회이므로, 긍정적이고 적극적인 자세로 환영의 뜻을 표현하는 것이 좋습니다.

Welcome to our Team!

Dear Sam,

Welcome to our Team! It is with great pleasure that I welcome you to the consulting team at YY design. We are excited to have you join our team, and we hope that you will enjoy working with our company.

On the first Monday of each month we hold a special staff lunch to welcome any new employees. Please be sure to come next week to meet all of our senior staff and any other new members who have joined us this month. Alice Eldred will email you with further details.

If you have any questions during your training period, please do not hesitate to contact me. You can reach me at my email address or on my office number at 888-8888.

Warm regards,

Jamie Matsuyama
Executive Consultant
YY Design

071

상사에게 보내는 사직 메일
Sending a Letter of Resignation

우리말 _ □ ✕

제목 사직서

인사 · 용건 시미즈 님께

이 메일을 오늘부터 3주 후에 **DBB**사 퇴직을 알리는 사직서로
여겨주십시오.

본문 · 세부 내용 지금까지 3년 동안 저에게 주신 성원과 기회에 감사드립니다.
귀하는 긍정적인 분위기로 팀 전체를 행복하게 해주셔서 많이
그리울 것 같습니다.

마무리·후속 조치 만약 저의 후임자를 찾는 데 도와드릴 일이 있다면, 말씀해 주
시기 바랍니다.

감사합니다.
캐런 추 드림

A ⓤ ☺ 🖼   Send   Save   Cancel

이 예시는 퇴직하는 직원이 상사에게 서면으로 사직서를 제출하는 메일입니다. 퇴직 보고는 보통 구두로 하지만, 만류를 하거나 서면으로 퇴직 의사를 명확히 밝히고 싶을 때는 이렇게 메일을 보낼 수도 있습니다. 불만 등이 있더라도 전문가로서의 예의를 갖춰 정중하게 뜻을 전하고 긍정적인 말투를 써야 합니다.

영어	_ □ X

Resignation

Dear Mr. Shimizu,

Please accept this email as notice that I will be resigning from my job here at DBB Corporation three weeks from today's date.

Thank you for the support and the opportunities you have provided me over the course of the last three years. You have created a positive atmosphere that makes the whole team happy, and I will miss you a lot.

If I can do anything to help with your transition in finding my replacement, please let me know.

Sincerely,
Karen Chew

● over the course of ~ ~ 동안, ~에 걸쳐

072

사직서 수리
Accepting a Resignation

	우리말 _ □ ✕
제목	사직서를 수리하겠습니다

인사 · 용건

메리 님께

오늘 아침 애석하지만, 당신의 인사부장 사직서를 받아들이기로 했습니다.

본문 · 세부 내용

사직서를 수리하고 후임자를 찾기까지 충분한 시간을 주셔서 감사드립니다. 당신은 훌륭한 직원이었고, 같은 팀에서 함께 일할 수 있어서 정말 영광이었습니다. 당신의 빈자리를 채울 수 있는 사람을 찾기란 쉽지 않을 것입니다.

마무리 · 후속 조치

새로운 자리에서도 성공이 함께하기를 바랍니다.

안녕히 계세요.
요시코 드림

Send   Save   Cancel

사직서를 받은 사람이 수리했다는 뜻을 전하는 메일입니다. 서두에서 애석해하면서도 사직서를 수리했다는 말을 전합니다. 본문에서는 퇴직일까지 여유를 두고 미리 제출한 사실에 대해 고마워하고 있습니다. 또 당사자와 함께 일했던 좋은 기억을 언급한 뒤마지막으로 퇴직자의 성공을 빌고 있습니다. 필요한 내용만 담고 있지만, 간결하고 전문가적인 내용과 긍정적인 말투가 잘 어우러진 메일입니다.

Your Resignation is Accepted

Dear Mary,

This morning, regretfully, I received your letter of intent to resign from your position as human resource manager.

I accept your resignation and appreciate you giving me sufficient notice to find a competent replacement. You have been an excellent employee and it was a true privilege to have someone like you on my team. Finding someone to fill your shoes will be no easy task.

Wishing you the best of success in your next mission.

Best regards,
Yoshiko

073

동료들에게 보내는 사직 알림 메일
Sending a Notice of Resignation to Coworkers

	우리말 _ □ ×
제목	야마나카 히로미: 알림
인사 · 용건	여러분께 잊지 못할 3년을 보낸 뒤 저는 BCD 네트워크를 떠나게 되었습니다.
본문 · 세부 내용	여러분과 같은 유능한 분들과 일할 수 있어 즐거웠으며, 특히 현재까지 가장 큰 거래처인 XYZ사와 계약을 성사시킨 팀워크를 자랑스럽게 생각합니다. 활력이 넘치는 직원 회의가 그립겠지만, 저는 새로운 자리에서도 BCD에서 배운 훌륭한 협력 정신을 발휘할 것입니다.
마무리 · 후속 조치	언제든지 hiromiyamada@cmlanguage.com으로 연락 주세요. 인수인계를 하는 동안 발생하는 질문에는 앰버 씨가 대응해 주실 것입니다. 다시 한번 감사의 말씀을 드립니다. 안녕히 계세요. 야마나카 히로시 드림

A 🔗 ☺ 🖼   Send   Save   Cancel

● 퇴직할 때 모든 직원과 인사하기는 어렵기 때문에, 마지막 인사는 메일로 대신하는 경우가 많습니다. 퇴직 메일은 긍정적인 분위기로 간결하게 쓰는 것이 좋지만, 몇 가지 요소를 담고 있어야 합니다. 재직 중에 거둔 성과나 동료들과의 추억을 간단하게 언급하고, 자신의 연락처와 인수인계를 담당할 사람에 관해서도 말해줘야 합니다.

Hiromi Yamanaka — Update

Hello All,

After three great years, I am leaving my position at BCD Network.

It was amazing to work with such talented people. I am particularly proud of the teamwork we showed in winning our biggest account to date, the XYZ company.

Although I will miss our lively staff meetings, I will bring BCD's unique spirit of collaboration to my new position.

Feel free to reach me at hiromiyamada@cmlanguage.com. Amber can handle any questions that arise during this transition.

Thank you again.

Best regards,
Hiromi Yamanaka

● **account** 거래처 / **to date** 지금까지

074

동료에게 사직 사실을 전하는 메일
Informing a Colleague about One's Resignation

우리말 _ □ ✕

제목	퇴직

인사 · 용건

존 님께

6월 30일 자로 ABC 컨설팅을 퇴직하게 되었음을 알려드립니다. 저는 ABC에서 즐겁게 근무했으며, 당신과 함께 일할 기회를 얻을 수 있어서 감사했습니다. ABC에 있는 동안 보내주신 성원과 격려에 감사드립니다.

본문 · 세부 내용

동료, 고객, 회사가 그립겠지만, 즐거운 마음으로 제 경력의 새로운 단계로 나아가고자 합니다.

마무리 · 후속 조치

앞으로도 연락하며 지내고 싶습니다. 저의 개인 이메일 주소(aiishii@example.com)나 전화번호 555-555-5555로 연락 주세요. LinkedIn(linkedin.com/in/aiishiicmlanguage)으로 연락하셔도 됩니다.

다시 한번 감사드립니다. 당신과 함께 일할 수 있어서 즐거웠습니다.

안녕히 계세요.
이시이 아이 드림

A ⬭ ☺ ☒   Send   Save   Cancel

● 퇴직할 때 특정 동료에게 개별적으로 연락하는 예문입니다. 모두에게 보내는 메일과 달리 더 개인적인 정보를 전할 수 있습니다. 퇴직 사실을 알리는 것뿐만 아니라 상대방을 향한 감사와 자기 자신의 현재 감정, 새로운 연락처 등도 알릴 수 있습니다. 자신에게 특히 중요한 사람에게는 전체 메일뿐만 아니라 개별적으로도 메일을 보내는 것이 좋습니다.

Moving On

Hi John,

I'd like to let you know that I am leaving my position at ABC Consulting on June 30. I have enjoyed my tenure at ABC, and I appreciate having had the opportunity to work with you. Thank you for the support and encouragement you have provided me during my time at ABC.

Even though I will miss my colleagues, clients, and the company, I am looking forward to starting a new phase of my career.

Please keep in touch. I can be reached at my personal email address (aiishii@example.com) or my cell phone, 555-555-5555. You can also reach me on LinkedIn (linkedin.com/in/aiishiicmlanguage).

Thanks again. It's been a pleasure working with you.

Best regards,
Ai Ishii

075

이직을 위한 사직
Resigning to Change Jobs

우리말 _ □ ✕

제목	퇴직 알림: 스즈키 제인

인사 · 용건

켄싱턴 님께

아쉽지만, 오늘부터 2주 후 PR 매니저직에서 퇴직하고자 합니다.

본문 · 세부 내용

저는 지역 단체에서 일할 예정입니다. 당신과 함께 일한 시간이 그립기도 하겠지만, 제 경력에 새로운 방향이 기다려지기도 합니다.

지난 몇 년 동안 저에게 주신 성원과 기회에 감사드립니다. 여기서 일하던 나날이 즐거웠습니다.

마무리 · 후속 조치

동료들에게 인수인계를 하는 과정에서 제가 도와드릴 일이 있다면, 말씀해 주세요.

당신과 회사에 행운이 가득하길 바랍니다. 언젠가 다시 뵐 수 있으면 좋겠습니다.

감사합니다.
스즈키 제인 드림

A 🔗 ☺ 🖼   Send   Save   Cancel

이 예시 역시 퇴직 사실을 알리는 메일이지만, 이직 사실도 함께 전하고 있습니다. 본문에서 이직에 대해 언급하며, 지금까지 얻은 기회와 성원에 감사 인사를 하고 있습니다. 긍정적인 분위기를 유지하면서 새로운 분야에 도전하는 기대감을 내비칩니다. 회사의 성공을 빌며, 앞으로도 좋은 관계를 이어가고 싶은 마음이 잘 드러나는 글입니다.

영어   _ □ ×

Notice of Resignation—Jane Suzuki

Dear Ms. Kensington,

Please accept my regrets in resigning from my position as PR Manager, effective two weeks from today's date.

I will be working for a local organization and look forward to the new direction in my career, even though I will miss my work with you.

Thank you for the support and the opportunities that you have provided me during the last several years. I have enjoyed my tenure with the company.

If I can do anything to help ease the transition for my colleagues, please let me know.

I wish you and the company all the best. I do hope our paths cross again in the future.

Best regards,
Jane Suzuki

● effective 발효되는, 시행되는 / transition 이행, 변화

076

정년퇴임
Retirement

우리말   _ □ ✕

제목	정년퇴임 알림

인사 · 용건

잭슨 님께

1월 31일부로 다나카 코퍼레이션의 상무 이사직에서 퇴직하게 되었음을 알려드리고자 이 메일을 씁니다.

본문 · 세부 내용

다나카 코퍼레이션의 직원으로서 얻었던 멋진 기회들에 대해 여러분께 감사드립니다. 또 20년 동안 동료 및 고객 여러분과 함께 일하면서 많은 것을 배웠고, 제 인생의 다음 단계로 나아갈 준비를 했습니다.

마무리 · 후속 조치

저의 퇴직과 관련하여 도와드릴 일이 있으면, 말씀해 주세요.

감사합니다.
마쓰다 리에 드림

A 🔗 ☺ 🖼   Send   Save   Cancel

○ 정년퇴임을 알리는 메일입니다. 이 예시는 퇴직일을 알리는 동시에 상사와 회사에 지금까지 감사했다는 인사를 전하고 있습니다. 처음부터 끝까지 상당히 전형적인 형식으로 쓴 메일입니다. 본문 마지막에 나오는 "move on to the next phase of my life"는 꽤 유용한 표현입니다. 누구나 인생의 각 단계를 경험하게 되므로, 자연스럽게 응원을 건네고 싶어지네요.

Announcement of my retirement

Dear Mr. Jackson,

I write this email to announce my formal retirement from Tanaka Corporation as executive director, effective as of January 31.

I would like to thank everyone for all the great opportunities you have given me as an employee at Tanaka Corporation. I have enjoyed working with and learning from my colleagues and clients for the past 20 years and am ready to move on to the next phase of my life.

Please let me know if I can be of any assistance during this transition.

Sincerely,
Rie Matsuda

077

개인 사정에 의한 사직
Resigning due to Personal Reasons

우리말 　　　　　　　　　　　　　　　　　　　　 _ □ ✕

제목	퇴직: 요시모토 제인

인사 · 용건

잭 님께

아쉽지만, 저는 오늘부터 2주 후에 마케팅 디렉터직에서 물러
난다는 사직서를 제출합니다.

본문 · 세부 내용

저는 일을 좋아하지만 최우선 순위는 가족이기에, 이번에 태어
난 아이와 함께 집에 있기로 결심했습니다.

마무리 · 후속 조치

회사에 다니는 동안 제가 얻은 모든 기회와 경험에 대해 진심
으로 감사드립니다.

여러분의 지지와 이해에 감사드리는 동시에 모든 분들의 미래
에 성공이 함께하기를 바랍니다. 인수인계의 부담을 줄이기 위
해 제가 할 수 있는 일이 있다면, 말씀해 주세요.

안녕히 계세요.
요시모토 제인 드림

A ✆ ☺ 🖼　　　　　　　　　　　　 Send　　Save　　Cancel

아쉽지만 개인 사정으로 회사를 그만두는 상황입니다. 상사에게 퇴직의 뜻을 전하고 그 이유를 본문에서 집안 사정이라고 설명하고 있습니다. 지나치게 상세히 쓸 필요는 없지만, 간결하게라도 이유를 말해주는 것이 좋습니다. 끝부분에 회사와 동료들에게 감사하는 마음을 전하면, 퇴직을 알리는 메일이라도 긍정적인 인상을 남길 수 있습니다.

영어 _ □ ✕

Resignation — Jane Yoshimoto

Dear Jack,

I regretfully submit my resignation from my position as marketing director, effective two weeks from today.

Although I love my job, my first priority is my family, and I have decided to stay home with my newborn child.

Thank you so much for all of the opportunities and experiences you have provided me during my time with the company.

I appreciate your support and understanding, and I wish everyone a successful future. Please let me know if there is anything I can do to alleviate the transition.

Sincerely,

Jane Yoshimoto

● alleviate ~을 완화하다

078

해고 통지
Notifying of Dismissal

우리말 _ □ X

제목	고용 계약 종료 알림

인사 · 용건

필립 님께

귀하와 **DBB** 코퍼레이션의 고용 계약을 즉시 종료하기로 한, 오늘 논의 결과를 확정하고자 이 메일을 보냅니다.

본문 · 세부 내용

DBB 코퍼레이션에서 근무하신 연수가 2년 미만이기에 1개월분의 퇴직금이 지급됩니다. 동봉한 청구권 포기 서류에 서명하여 제출하신 뒤 퇴직금을 받으실 수 있습니다.

이미 보안카드, 사무실 열쇠, 회사 소유의 노트북과 휴대전화는 계약 종료 미팅 때 반납하셨습니다.

마무리 · 후속 조치

앞으로 필요하실 수도 있는 정보 제공을 위해 회사에 연락처를 알려주셔야 합니다. 인수인계를 하는 동안 저희가 도울 일이 있다면 말씀해 주십시오.

안녕히 계세요.

조 밀러 드림
인사부장

A 🔗 ☺ 🖼

Send   Save   Cancel

● 자사의 직원을 해고하는 사실을 알리는 메일입니다. 해외에서 근무하다 보면 이런 일을 적지 않게 볼 수 있습니다. 이 예문은 사전에 해고 면담을 거치고 나서 보내는 메일입니다. 퇴직일(예시 메일에서는 당일), 퇴직금, 해고 수당 등 주요 사실에 관해 차분한 어투로 알리고, 서류에 서명할 것과 연락처를 알려줄 것 등을 부탁하는 내용으로 구성되어 있습니다.

Notice of termination

Dear Phillip,

This email confirms our discussion today that your employment with DBB Corporation is terminated effective immediately.

You will receive one-month severance pay since your employment with DBB Corporation has been less than two years. You will receive the severance payment once you have signed and returned the enclosed release of claims document.

We have already received your security swipe card, your office key, and the company-owned laptop and cell phone at the termination meeting.

You will need to keep the company informed of your contact information so that we are able to provide the information you may need in the future. Please let us know if we can assist you during your transition.

Regards,

Joe Miller

Director, Human Resources

079

근속 축하
Congratulating One's Continuous-Service

우리말   _ □ ✕

제목

근속 10주년을 축하드립니다

인사 · 용건

사라 님께

당사에 기여한 공헌과 헌신에 감사드립니다. 오늘부로 우리와 함께한 지 10년이 되셨습니다. 당신이 오랫동안 유지해온 신뢰할 수 있는 서비스 덕분에 우리 회사는 이 업계에서 리더가 될 수 있었습니다. 진심으로 감사드립니다.

본문 · 세부 내용

당신은 동료 및 고객들과 함께 일하는 데 탁월한 능력을 갖추고 있으며, 영감과 동기 부여의 원동력이 되는 사람입니다.

마무리 · 후속 조치

감사의 뜻으로 야구 시즌 티켓 두 장을 드립니다. 앞으로도 당신과 함께 일할 것을 기대하고 있습니다. 즐거운 기념일을 보내시길 바랍니다.

감사합니다.
이시구로 아유미 드림

A 🔗 ☺ 🖼   Send   Save   Cancel

� 직원의 근속 10주년을 축하하고 있습니다. 평소의 노고에 감사하는 마음을 전하고, 회사에 영향을 끼친 공적을 칭찬합니다. 마지막 부분에서는 앞으로도 함께 일할 것에 대한 기대감을 비치고 있습니다. 예시에는 근속을 축하하는 작은 선물을 증정한다는 말도 적혀 있네요.

영어 ＿ □ ✕

Congratulations on your 10th anniversary

Dear Sara,

We are grateful for your contribution and dedication to our organization. Today, you complete 10 years with us. We sincerely thank you for the years of reliable service you have given in helping us become a leader in our industry.

You have an exceptional ability to work with both colleagues and clients. You are a source of inspiration and motivation.

As a token of our appreciation, we are sending you two season tickets to the baseball game. We look forward to working with you for many years to come. Have a happy work anniversary.

Best regards,
Ayumi Ishiguro

080

승진 알림 메일
Notifying of One's Promotion by Mail

우리말 _ □ ✕

제목	승진 알림: 안나 리

인사 · 용건

여러분께

ABC 컨설팅의 새로운 마케팅 디렉터 중 한 사람으로 안나 리 씨가 승진하게 되었다는 사실을 기쁜 마음으로 전해드립니다.

본문 · 세부 내용

이번 승진은 안나 리 씨가 재직 기간 ABC 컨설팅에 공헌한 점을 인정하여 내린 결정으로, 4월 1일부터 시행됩니다. 안나 씨는 마케팅 디렉터로서 전문 지식과 리더십을 필요로 하는 당사의 주요 고객들을 위한 마케팅 플랜을 개발하는 데 큰 역할을 수행할 것입니다.

마무리 · 후속 조치

모두 그녀의 승진을 축하해 주시길 바라며, 그녀의 앞으로의 모든 일에 행운을 빕니다.

감사합니다.
스즈키 마이크 드림
ABC 컨설팅 CEO

A 🔗 ☺ 🖼

Send   Save   Cancel

서양에서는 직원의 승진 사실을 CEO나 상사가 메일을 통해 알리는 경우가 자주 있습니다. 사내 전체에게 알려 승진 당사자에겐 동기를 부여하고, 회사의 방향성을 공유하는 중요한 메일입니다. 당연한 말이지만, 승진자의 이름과 새로운 직위, 승진의 이유 등을 설명해야 합니다. 마지막으로 동료들에게도 축하해 주기를 당부하는 말을 덧붙이면 훌륭한 글이 완성됩니다.

영어   _ □ ×

Promotion Announcement—Anna Li

Ladies and Gentlemen,

It is with great pleasure that I am announcing the promotion of Anna Li as one of the new Marketing Directors at ABC Consulting.

This promotion recognizes the contributions Anna Li has made to ABC Consulting during her tenure with the organization and is effective on April 1. As a Marketing Director, Anna will be playing a larger role in developing marketing plans for our major clients, which requires her marketing expertise and leadership.

Let us all congratulate Anna on her promotion, and wish her luck for all her future undertakings.

Regards,
Mike Suzuki
Chief Executive Officer, ABC Consulting

069 **신입 사원 교육 요청**

● 258쪽 참조

인사·용건

> 7월 1일부터 우리 부서에 안나 리 씨가 데이터 애널리스트로서 새롭게 합류하게 되었다는 소식을 기쁜 마음으로 전합니다.
>
> **I am delighted to announce that Anna Li will be joining our department as Data Analyst on July 1.**

본문·세부 내용

> 신입 교육 기간 중에는 닉 씨가 안나 씨를 도와줄 것입니다. 하지만 안나 씨가 우리 팀에서 능력을 발휘할 수 있도록 우리 모두가 그녀를 도와줘야 합니다.
>
> **Nick will be assigned to help Anna during the orientation process. However, all of us will be responsible for helping Anna become a productive member of our team.**

● be assigned to ~ ~을 담당하다

마무리·후속 조치

> 안나 씨가 인사를 하러 다니겠지만, 편하게 그녀에게 다가가 자기 소개와 환영 인사를 해주시면 좋겠습니다.
>
> **We will be bringing Anna around for initial introductions, but please feel free to stop by and introduce yourself and welcome Anna to our company.**

> 우리 팀에 들어오는 안나 씨를 모두 함께 환영해 주시길 바랍니다.
>
> **Please join me in welcoming Anna to our team.**

070 **신입 사원 환영 인사**

● 260쪽 참조

인사·용건

> 우리 팀은 당신을 환영합니다.

We are pleased to have you join our team.

> 축하합니다. 우리 팀에 들어온 것을 환영합니다.

Congratulations, and welcome to our team.

본문·세부 내용

> 당신의 새로운 팀은 당신에 대해 더 많이 알고, 앞으로 함께 일할 팀원들을 만날 수 있는 기회를 마련하고자 함께 점심 식사를 할 예정입니다.

Your new team anticipates taking you out to lunch to get to know you and to make sure you meet everyone with whom you will be working.

● anticipate ~을 기대하다

> 첫날에 예정된 나머지 일정은 아래와 같습니다.

Your agenda, for the rest of your first day, follows.

마무리·후속 조치

> 다시 한번 축하드립니다! 함께 일할 수 있어서 기쁩니다!

Once again, congratulations! We are lucky to have you join us!

071 상사에게 보내는 사직 메일

◆ 262쪽 참조

인사 · 용건

> 마켓 애널리스트 직의 사직서를 제출하게 되어 유감스럽게 생각합니다.
> **It is with regret that I submit my letter of resignation as a market analyst.**

본문 · 세부 내용

> 월말까지 일할 예정이며, 저의 마지막 근무일은 2022년 6월 29일입니다.
> **I intend to work until the end of the month, with my last day being June 29, 2022.**

> 저는 최근 다른 회사에서 새로운 기회에 대한 제안을 받았고, 그 제안을 받아들이기로 결심했습니다.
> **I was recently offered a new opportunity at a different company, and have decided to accept the offer.**

> 신중하게 숙고한 끝에, 저는 출산휴가 후에 복직하지 않기로 결심했습니다.
> **After much thought and consideration, I have decided not to return after maternity leave.**

마무리 · 후속 조치

> 몇 년 동안 여러분이 저에게 준 모든 기회와 여기서 배운 지식에 대해 진심으로 감사하다는 말씀을 전합니다.
> **I want to give you my sincere thanks for all of the opportunities you have given me and for all of the knowledge I have gained at our company over the years.**

> 저의 후임자에게 인수인계를 할 때 제가 도움이 될 만한 일이 있다면, 말씀해 주세요.
> **If I can do anything to help with your transition in training my replacement, please let me know.**

072 **사직서 수리**

● 264쪽 참조

인사 · 용건

> 무척 아쉽지만, 12월 12일에 제출하신 인사 부장직 사직서를 수리 했습니다.

It is with great regret we accept your resignation from your position as human resource manager which you submitted earlier on December 12.

본문 · 세부 내용

> 이 기회를 빌어 귀하의 헌신에 감사드리고 싶습니다.

I would like to take this opportunity to thank you for your dedication.

> 당신은 늘 우수한 직원이었으며, 마지막까지 그런 분으로 남을 것 입니다.

You have always been an excellent employee and will continue to be so till the last moment.

마무리 · 후속 조치

> 앞으로 하시는 일에 성공이 함께하기를 기원합니다.

I wish you all the best in your future endeavors.

> 새로운 도전에 행운이 함께하기를 바랍니다.

Good luck in your next adventure.

PART 2 비즈니스 영어 이메일

CHAPTER 7 인사(人事)

073 동료들에게 보내는 사직 알림 메일

● 266쪽 참조

인사·용건

> 제가 BCD 네트워크를 떠나게 되었다는 사실을 말씀드리고자 합니다. 내일이 저의 마지막 근무일입니다.

I wanted to take a moment to let you know that I am leaving my position at BCD Network. Tomorrow is my last day at work.

> 지난주 회의에서 알려드린 바와 같이, 다음 주 금요일(9월 26일)이 제가 BCD 네트워크에서 일하는 마지막 날입니다. 지난 3년 동안 팀의 일원으로 일한 소감을 전하기 위해 오늘 잠시 시간을 내고 싶습니다.

As I informed you in our meeting last week, my last working day at BCD Network is next Friday, Sept. 26. I want to take a few minutes today to convey my thoughts in being part of your team for the last three years.

본문·세부 내용

> BCD 네트워크에서 일하는 동안 보내주신 성원과 지도, 격려에 감사드립니다.

Thank you for the support, guidance, and encouragement you have provided me during my time at BCD Network.

> 새로운 기회로 나아가야 할 때임을 느끼게 되었습니다. 쉽지 않은 결정이었으며, 고심 끝에 내린 결론입니다.

I feel that it is time for me to move on to new opportunities. This decision was not an easy one and it took a lot of consideration.

> 여러분과 이 회사가 그립겠지만, 저는 이제 새로운 자리가 새로운 도전 기회를 만들어주고 저의 경력에 더 다양한 경험을 더해줄 것이라고 기대하고 있습니다.

Even though I will miss my colleagues and the company, I now look forward to this new position that brings forth new challenges and adds more diverse experience to my career.

마무리 · 후속 조치

> 여러분과 이 회사의 미래에 늘 성공이 함께하기를 바랍니다.

I do wish you and the company every success in all its future endeavors.

> miyamada@example.com으로 연락 주세요.

You can be in touch with me by email—miyamada@ example.com.

> 다시 한번 감사드립니다. 행운이 함께하기를 기원합니다.

Thanks again for everything. I wish you all the best.

074 동료에게 사직 사실을 전하는 메일

◑ 268쪽 참조

인사·용건

> 다른 기회를 받아들여 내일 10월 31일이 제가 ABC사에서 근무하는 마지막 날임을 말씀드립니다.
>
> I wanted to let you all know that I have accepted another opportunity and my last day with ABC Company will be tomorrow, October 31.

본문·세부 내용

> 제 경력의 다음 단계로 나아갈 날을 기다리는 동시에 여러분과 함께 일하던 시간을 진심으로 그리워하고 있습니다.
>
> While I am looking forward to the next steps in my career, I will deeply miss working with each of you.

> 함께 일하며 여러분에 대해 더 깊이 알게 되어 진심으로 기뻤습니다. ABC사에서 일하는 여러분은 정말 훌륭한 인재입니다.
>
> It's been so great working with you and getting to know you. The people here at ABC have honestly been one of the best parts of working here.

마무리·후속 조치

> 저와 연락하기를 원하시는 분은 제 개인 메일 주소인 aiishiicm@example.com으로 연락 주세요. 앞으로도 계속 연락하며 지내고 싶습니다.
>
> If you need to get in touch with me, you can reach me at my personal email address aiishiicm@example.com. Keep in touch.

> 다시 한번 감사 인사를 전해드리며, 여러분의 앞날에 행운이 함께 하기를 바랍니다!
>
> Thank you again, and best of luck in all your future endeavors!

075 이직을 위한 사직

○ 270쪽 참조

인사 · 용건

> 2월 1일부로 ABC 컨설팅을 퇴직하기로 결정했음을 알려드립니다.

I am writing to inform you of my decision to resign from ABC Consulting effective February 1.

본문 · 세부 내용

> 이곳에서 많은 동료와 함께 일할 수 있어서 즐거웠으며, 오랫동안 저를 도와준 모든 분께 감사 인사를 드립니다.

I have enjoyed working with all of my friends here, and I want to thank everyone for their support over the years.

마무리 · 후속 조치

> 순조로운 인수인계 과정을 위해 제가 도울 수 있는 일이 있다면, 말씀해 주세요.

If there is anything else I can do to help make this a smooth transition, please let me know.

> 앞날에 행운과 성공이 함께하기를 기원합니다.

I wish you all the best for your continued success.

076 정년퇴임

🔵 272쪽 참조

인사 · 용건

> 2022년 1월 31일부로 정년퇴임을 하게 되었다는 사실을 알려드립니다.
>
> **I would like to inform you that I will be retiring effective January 31, 2022.**

> YY 커뮤니케이션에서의 마지막 근무일은 1월 31일임을 이 메일을 통해 정식으로 알려드립니다. 그날 저는 정년퇴임을 할 예정입니다.
>
> **This email is my official notification to you and to my company that my last day of work at YY Communications will be January 31. On that day, I plan to retire.**

본문 · 세부 내용

> 이 자리를 빌어 YY사에서 일하면서 얻은 모든 기회에 감사하다는 말씀을 드립니다.
>
> **I wanted to take this opportunity to thank you for all of the opportunities that I have experienced working for YY.**

> 이곳에서 쌓은 우정이 앞으로도 계속 이어질 것이라고 믿습니다.
>
> **I trust that the friendships I have developed here will last well into the future.**

마무리 · 후속 조치

> 만약 추가적인 정보가 필요하시면, 언제든지 저에게 말씀해 주시길 바랍니다.
>
> **Please feel free to contact me if you need any additional information.**

> 퇴직 전이든 후든 저의 도움이 필요하시면, 말씀해 주세요. 순조로운 인수인계 과정을 위해 제가 할 수 있는 모든 지원을 기꺼이 해드리겠습니다.

If I can be of any assistance before my departure or afterward, please let me know. I'd be happy to provide whatever assistance I can for a smooth transition.

077 개인 사정에 의한 사직

🔵 274쪽 참조

> 마케팅 부장직에서 물러난다는 사실을 정식으로 알려드리고자 이 메일을 씁니다.

I am writing to formally notify you of my resignation from my position as marketing director.

본문 · 세부 내용

> 알고 계시겠지만, 아내가 일에 복귀하는 동안 제가 집에서 아이들을 돌보기로 했습니다.

As you are aware, I have decided to stay at home with our child while my wife returns to work.

> 저의 일 그리고 오랫동안 함께 일한 훌륭한 동료들이 그리울 것입니다.

I will miss my job and the amazing people I have had the pleasure of working with throughout the years.

마무리 · 후속 조치

> 당신의 지도로 귀중한 전문지식을 얻을 수 있었던 점에 대해 앞으로도 늘 감사히 여기겠습니다.

I will be forever grateful for the invaluable expertise I acquired while under your guidance.

> 앞으로도 연락을 주고받으며, 서로에게 도움이 되는 전문적 관계를 이어 나가고 싶습니다.

I hope we can stay in touch and enjoy a mutually beneficial professional relationship in the future.

078 해고 통지

◑ 276쪽 참조

인사 · 용건

> 당신과 DBB사의 고용 계약이 2022년 7월 31일부로 종료된다는 사실을 알리기 위해 이 메일을 보냅니다.

This email is to inform you that your employment with DBB Corporation will end as of July 31, 2022.

● as of ~ ~일자로, ~ 현재로

본문 · 세부 내용

> 다음과 같은 이유로 계약을 종료합니다.

You have been terminated for the following reason(s):

> 이번 달에 마지막 월급이 지급되며, 오늘을 기준으로 남아 있는 휴가 기간만큼의 급여도 받으실 수 있습니다.

You will receive your final paycheck for this month and payment for remaining leave today.

마무리 · 후속 조치

> 보수, 복리후생, 회사 자산과 당신이 서명한 규정에 질문이 있으시면, 555-5555로 전화하셔서 존 밀러 씨에게 물어보시면 됩니다.

If you have questions about compensation, benefits, company property or policies you have signed, please contact Joe Miller at 555-5555.

● compensation 보수 / benefits 복리후생

> 지금까지 애써주신 당신의 노고에 감사드리며, 앞날에 행운이 함께 하기를 바랍니다.

Thank you for your past efforts and all the best for your future endeavors.

079 **근속 축하**

● 278쪽 참조

인사·용건

> 근속 10주년 기념일입니다!

It's your 10-year anniversary!

> 근속기념일을 축하드립니다!

Congratulations on your work anniversary!

본문·세부 내용

> 당신의 열정과 친절함, 애써주신 모든 노고에 감사 인사를 전합니다. 무엇보다 당신에게 감사드립니다!

We appreciate your energy, your kindness, and all the work you do, but most of all, we just appreciate you!

> 10년 동안 당사의 가족이 되어주셔서 감사합니다. 당신이 없는 회사는 상상하기 힘듭니다.

Thanks for being part of our family for a full decade. It's hard to imagine this place without you.

> 짧은 기간에 많은 성과를 내주셨습니다. 열심히 하면 성공할 수 있다는 것을 보여주셨습니다.

In a short span of time you have achieved so much. You're an example showing that hard work takes you places.

마무리·후속 조치

> 행복한 기념일을 보내시길 바랍니다!

Have a happy work anniversary!

080 승진 알림 메일

○ 280쪽 참조

인사·용건

> 안나 리 씨가 ABC 컨설팅의 새로운 마케팅 디렉터 중 한 사람으로 승진했다는 소식을 기쁜 마음으로 전해드립니다.

We are pleased to announce the promotion of Anna Li as one of the new Marketing Directors at ABC Consulting.

> 안나 씨는 ABC 컨설팅에서 6년 동안 마케팅 매니저로 근무하며 훌륭한 실적을 보여줬습니다.

Anna has been with ABC Consulting for six years, as a marketing manager, where she has shown exemplary performance.

● exemplary 모범적인, 본보기가 되는

본문·세부 내용

> 새로운 자리에서 그녀가 부서와 회사를 이끌어가는 모습을 설레는 마음으로 지켜보겠습니다.

We are excited to see where she will lead the department—and the company—in her new position.

> 안나 씨의 새로운 자리에 대해 질문이 있으시면, 저에게 직접 편하게 말씀해 주세요.

If you have any queries about Anna's new position, please don't hesitate to direct any questions to me.

● query 질문

마무리 · 후속 조치

> 안나 리 씨가 새로운 책무를 잘 수행할 수 있도록 모두 함께 죽하해 주시기를 바랍니다.

Please join us in congratulating Anna Li as she takes on these new responsibilities.

> 마케팅 부문에 오신 안나 씨를 환영해 주시고, 그녀의 승진 또한 축하해 주세요.

Please join us in welcoming Anna to the Marketing Department, and in congratulating her on the promotion.

Column ②
멋있는 표현이 필요할까요?

학생들에게서 멋있는 표현을 쓰고 싶다는 말을 자주 듣습니다. 물론 원어민들이 자연스럽게 내뱉는 표현을 쓰고 싶은 마음은 이해합니다. 하지만 개인적으로는 원어민도 아닌 우리가 반드시 그들이 쓰는 표현을 쓸 필요는 없다고 생각합니다. 비즈니스 현장에서는 의미를 정확히 전달하여 자신의 목적을 달성하면 충분하지 않을까요? 물론 아까도 말했듯이 조금 더 노력해서 원어민처럼 말하고 싶은 기분은 이해합니다.

활용 빈도가 가장 높은 표현을 10개 선정하여 정리했으니 참고하시길 바랍니다. 메일을 쓸 때 이런 표현을 잘 활용하면, 더 멋진 글이 완성될 것입니다.

앞으로도 당신과 함께 일할 수 있기를 바랍니다.	We look forward to working with you for many years to come.
부득이한 사정으로,	Due to unavoidable circumstances,
이번 일로 귀사에 불편을 드린 점에 대해 사과의 말씀을 전합니다.	I apologize for any inconvenience this may have caused you.
저를 생각해 주셔서 감사드립니다.	Thank you for thinking of me.
한 번 검토해 주신다면 감사하겠습니다.	Thanks in advance for considering this.
이 문제에 관심을 가져주셔서 감사드립니다.	Thank you for looking into this matter.
앞으로 귀사의 발전과 성공을 기원하겠습니다.	I wish you the best of success in your future endeavors.
더 자세한 정보가 필요하시면, 편하게 연락 주세요.	Please feel free to contact me if you need further information.
통화가 가능하실까요?	Would you be able to jump on a call?
계속 연락드리겠습니다.	I'll keep you posted.

PART3

비즈니스
영어 채팅
20

사내

사내에서 업무 및 인적 네트워크 등 다양한 목적으로 채팅을 활용할 수 있습니다. 사내 채팅은 복잡하지 않은 내용으로 바로 답변이 필요한 경우에 사용하는 것이 좋습니다. 그리고 업무적으로 이용하는 경우에는 근무시간 중에만 메시지를 보내는 배려가 필요합니다.

사내 회의에 조금 늦을 때

⊙ 사내 회의에 늦을 때 쓸 수 있는 메시지입니다. 회의가 이미 시작된 상황으로, "5분 안에 올라가겠습니다"라는 표현이 나오니 잘 기억해두면 좋겠습니다. 반대로 5분 안에 내려가겠다고 말할 때는 "I'll be down in 5 minutes."라고 씁니다.

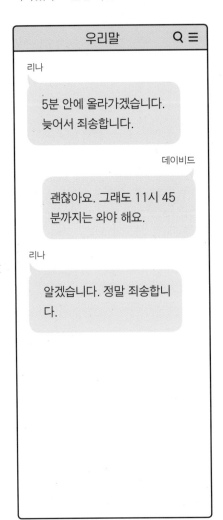

우리말 Q ☰

리나

5분 안에 올라가겠습니다. 늦어서 죄송합니다.

데이비드

괜찮아요. 그래도 11시 45분까지는 와야 해요.

리나

알겠습니다. 정말 죄송합니다.

영어 Q ☰

Rina

I'll be up in 5 minutes. Sorry for the delay.

David

No problem. But I need to go by 11:45.

Rina

Ok! Sorry about that.

082

당일 회의를 취소하고 싶을 때

● 회의를 하기로 한 당일, 갑작스럽게 취소를 부탁하는 메시지입니다. 급하게 연락해야 하는 상황이거나 주로 둘이서 하기로 약속한 회의일 경우에 활용할 수 있는 예시입니다.

우리말

나오

오늘 회의 취소해도 될까요?

아유미

물론입니다.

영어

Nao

Do you mind if we skip our meeting today?

Ayumi

No problem.

고객·동료와의 약속을 정할 때

○ 동료의 일정을 확인하는 상황입니다. 고객이 편한 시간을 미리 알아본 뒤, 함께할 동료에게 그때가 괜찮은지 물어볼 때 유용한 표현입니다.

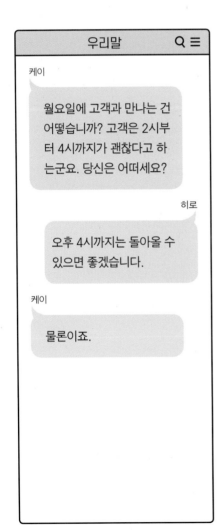

우리말

케이

> 월요일에 고객과 만나는 건 어떻습니까? 고객은 2시부터 4시까지가 괜찮다고 하는군요. 당신은 어떠세요?

히로

> 오후 4시까지는 돌아올 수 있으면 좋겠습니다.

케이

> 물론이죠.

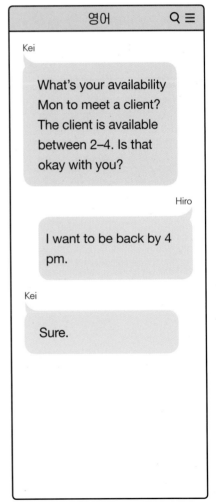

영어

Kei

> What's your availability Mon to meet a client? The client is available between 2–4. Is that okay with you?

Hiro

> I want to be back by 4 pm.

Kei

> Sure.

084 회의 중 언급된 정보에 대해 물어볼 때

⟶ 회의가 끝난 후, 회의 중에 언급된 정보를 알려달라고 부탁하는 메시지입니다. 이런 부탁을 할 때는 시간이 많이 흐른 후보다는 가능한 한 서로의 기억이 생생할 때 말하는 것이 좋습니다.

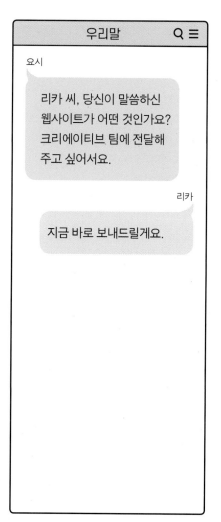

우리말   Q ≡

요시

리카 씨, 당신이 말씀하신 웹사이트가 어떤 것인가요? 크리에이티브 팀에 전달해 주고 싶어서요.

리카

지금 바로 보내드릴게요.

영어   Q ≡

Yoshi

Rika—what was that website that you mentioned? I'd love to pass it on to our creative team.

Rika

I'll send it to you right away.

• **pass ~ on to** … ~을 …에게 보내다, 전달 하다

동료와 상담하고 싶을 때

내일 오전에 이야기를 나눌 수 있는지 물어보고 있습니다. 예를 들어 회사 일로 급하게 다음 날의 일정을 확인해야 할 때 활용할 수 있습니다.

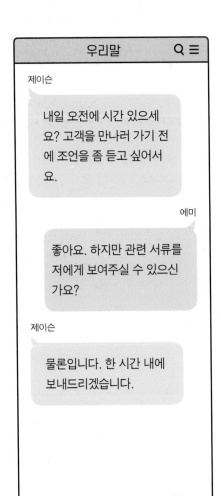

우리말

제이슨
> 내일 오전에 시간 있으세요? 고객을 만나러 가기 전에 조언을 좀 듣고 싶어서요.

에미
> 좋아요. 하지만 관련 서류를 저에게 보여주실 수 있으신가요?

제이슨
> 물론입니다. 한 시간 내에 보내드리겠습니다.

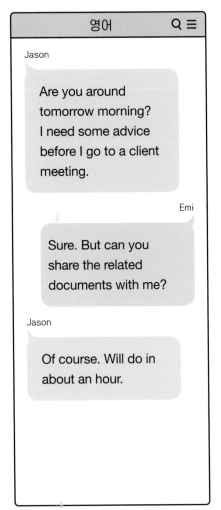

영어

Jason
> Are you around tomorrow morning? I need some advice before I go to a client meeting.

Emi
> Sure. But can you share the related documents with me?

Jason
> Of course. Will do in about an hour.

회신 전화를 부탁할 때

▶ 전화해달라고 급하게 부탁할 때 활용하기 좋은 예문입니다. 전화를 걸어 착신 이력만 남겨두면 상대방이 연락을 다시 해줄지 말지 알 수 없지만, 이런 메시지를 보내두면 가능한 한 빨리 전화해 줄 것입니다.

우리말 　Q ≡

에밀리

이 메시지를 보시면 저에게 전화 주시겠어요?

영어 　Q ≡

Emily

Can you give me a call sometime when you get this?

채팅으로만 연락할 수 있을 때

전화를 받지 못하거나 메일을 볼 수 없을 때, 채팅으로 연락해달라고 부탁하는 메시지입니다. 이 예시의 앞부분에 나오는 이유 부분을 각자의 상황에 맞게 수정해서 활용해 보시길 바랍니다.

우리말

닉

노트북 배터리가 없습니다. 그러니 무슨 일이 있으면 메시지를 보내주시겠어요?

리카

알겠습니다.

영어

Nick

My laptop just ran out of battery, so please can you text me here if you need to?

Rika

Got it.

· **text** ~에게 휴대전화로 메시지를 보내다

088 일이 끝난 후 한잔하자고 권할 때

◎ 일이 끝난 후 가볍게 한잔하자고 권하는 상황입니다. '~하고 싶다'는 의미로 쓰는 fancy나 "Take care mate."는 영국에서 자주 쓰는 표현입니다. quick beer는 식사까지는 아니고 가볍게 한잔한다는 느낌을 줍니다.

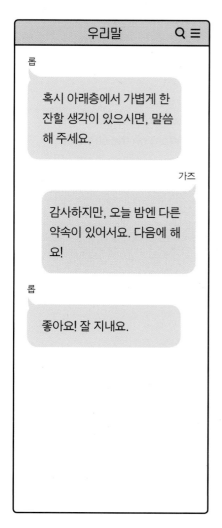

우리말 🔍 ☰

롭

혹시 아래층에서 가볍게 한 잔할 생각이 있으시면, 말씀 해 주세요.

가즈

감사하지만, 오늘 밤엔 다른 약속이 있어서요. 다음에 해요!

롭

좋아요! 잘 지내요.

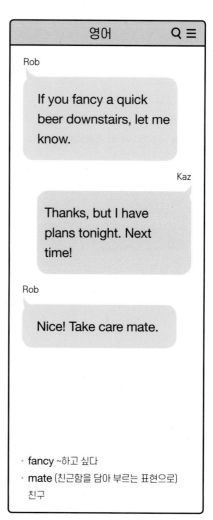

영어 🔍 ☰

Rob

If you fancy a quick beer downstairs, let me know.

Kaz

Thanks, but I have plans tonight. Next time!

Rob

Nice! Take care mate.

· fancy ~하고 싶다
· mate (친근함을 담아 부르는 표현으로) 친구

307

089 프레젠테이션의 결과를 알고 싶을 때

● 일의 결과를 빨리 알고 싶을 때는 동료에게 메시지를 보내는 것이 가장 좋은 방법입니다. 예시에 나오는 두 번째 문장 "떠도는 소문에 의하면 엄청나게 잘 됐다더군요."는 유머가 살짝 가미된 표현입니다.

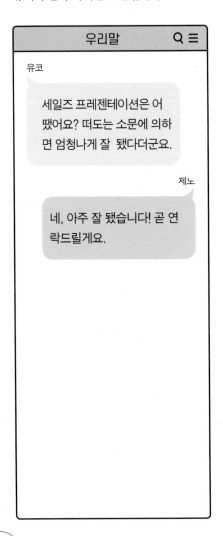

우리말 🔍 ☰

유코

> 세일즈 프레젠테이션은 어 땠어요? 떠도는 소문에 의하 면 엄청나게 잘 됐다더군요.

제노

> 네, 아주 잘 됐습니다! 곧 연 락드릴게요.

영어 🔍 ☰

Yuko

> Hey, how did your sales presentation go? Word on the street is you knocked it out of the park.

Geno

> Yes, it went really well! I'll call you in a bit.

· word on the street 떠도는 소문
· knock it out of the park 장외 홈런을 치다, 대성공을 거두다

프레젠테이션이 끝난 후 연락할 때

◐ 프레젠테이션이 끝나면, 상사나 동료 등에게 잘 마쳤다는 연락을 해야겠지요? 느긋하게 메일을 보낼 수 없는 상황이거나 빨리 연락해야 할 때는 메시지를 보내는 것이 가장 좋은 방법입니다.

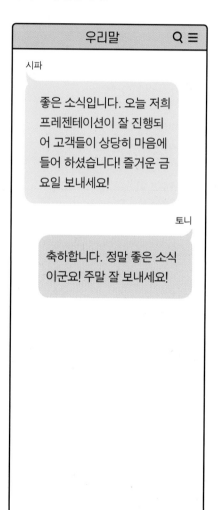

우리말 Q ≡

시파
> 좋은 소식입니다. 오늘 저희 프레젠테이션이 잘 진행되어 고객들이 상당히 마음에 들어 하셨습니다! 즐거운 금요일 보내세요!

토니
> 축하합니다. 정말 좋은 소식이군요! 주말 잘 보내세요!

영어 Q ≡

Shifa
> Great news. Our presentation went really well today, and clients loved it! Happy Friday!

Tony
> Congratulations, that's excellent news! Have a great weekend!

사내 이벤트를 재공지할 때

○ 사내 이벤트를 다시 한번 상기시키는 메시지입니다. 물론 사전에 메일로 공지했겠지만, 바빠서 잊어버린 사람들을 위해 채팅이나 메신저로 한 번 더 알려주면 좋습니다.

우리말 Q ☰	영어 Q ☰
폴	Paul
안녕하세요, 팀원 여러분! 여러분의 노고에 감사하고자 금요일 4시 30분 프레젠테이션 룸에서 피자 파티를 열고자 하니 잊지 마시길 바랍니다.	Hello team! Just a quick reminder that we're throwing a pizza party for your good work at 4:30 pm on Fri in the Presentation Room.

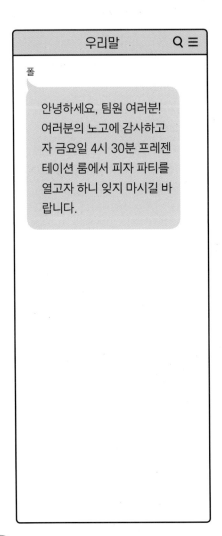
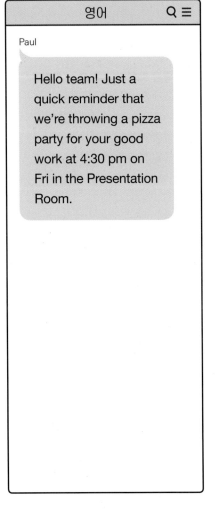

081 **사내 회의에 조금 늦을 때**

● 300쪽 참조

> 오늘 회의에 늦을 것 같습니다. 5분 정도면 될 것 같습니다.

I'm running late for today's meeting, hopefully by only five minutes.

> 정말 죄송합니다. 사과드립니다.

So sorry, my apologies.

> 예정보다 5분 정도 늦게 사무실에 도착할 것 같습니다.

It looks like we'll be at your office about five minutes later than scheduled.

> 죄송합니다.

Apologies.

082 **당일 회의를 취소하고 싶을 때**

● 301쪽 참조

> 예상치 못한 상황이 발생해서 오늘 회의를 취소해야 할 것 같습니다.

Due to unexpected circumstances, we have to cancel our meeting today.

> 부득이한 상황이 생겨 오늘 직원 회의를 취소해야겠습니다.

Due to unavoidable circumstances, I have no choice but to cancel our staff meeting today.

> 죄송하지만, 오늘 회의에 참석할 수 없을 것 같습니다.

I'm sorry but I can't make it to the meeting today.

> 당신과 뵐 날을 기대하고 있었지만, 제가 해외 출장을 가게 되었습니다.

I was really looking forward to seeing you, but I've got to go overseas on a business trip.

083 고객·동료와의 약속을 정할 때

◯ 302쪽 참조

> 안녕하세요, 히로 씨. 고객이 월요일 9~11시 혹은 화요일 1~3시 사이에 30분간 시간을 낼 수 있다고 합니다.
> **Hi Hiro, the client has two 30-minute slots available this Mon from 9–11 or Tues from 1–3.**

● slot 시간(대), 짬

> 언제가 가장 좋으신가요?
> **When works best for you?**

> 월요일 9~11시에 시간이 있으니, 그때 더 많은 이야기를 나눌 수 있으면 좋겠습니다.
> **I'm available Mon 9–11 am and would be happy to talk more about it then.**

> 이번 주에 편하신 요일과 시간이 있으신가요?
> **Is there a day and time that works best for you this week?**

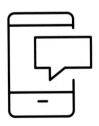

084 **회의 중 언급된 정보에 대해 물어볼 때**

❯ 303쪽 참조

> 시간이 되시는 대로 서류를 보내주실 수 있을까요?

Would you please send me the document at your earliest convenience?

> 안녕하세요, 닉. 요청하신 제안에 관해 방금 메일 드렸습니다. 질문이 있으시면 연락 주세요. 감사합니다.

Hey Nick, just emailed you the proposal you asked for. Let me know if you have any questions. Thanks!

> 오늘 말콤 콘퍼런스에서 닉과 상담해 주셔서 감사했습니다. 오늘 서비스에 대해 5단계(5점이 훌륭함)로 평가해 주시겠습니까?

Thank you for chatting to Nick at Marcom Conference today. Out of 5 (5 being excellent) how would you rate our service today?

085 **동료와 상담하고 싶을 때**

❯ 304쪽 참조

> 안녕하세요, 에미. 내일 오전에 연락해도 될까요?

Hey Emi, can I touch base tomorrow morning?

● touch base 연락하다

> 안녕하세요, 월요일 오전에 함께 커피 한잔할 시간 있으세요?

Hi, do you have time tomorrow morning to grab a coffee together? ● grab a coffee 커피를 마시다

> 시간을 많이 빼앗지 않겠습니다.

I promise not to take too much of your time.

086 회신 전화를 부탁할 때

🔘 305쪽 참조

> 가능한 한 빨리 연락 주세요.

Please call me ASAP.　　● ASAP = as soon as possible

> 언제든지 연락 주세요.

You can call me at any time.

> 편하실 때 연락 주세요.

You can call me at your convenience.

> 안녕하세요, 이 메시지를 보시면 저에게 연락 주시겠어요?

Good evening, could you give me a ring when you receive my message?

087 채팅으로만 연락할 수 있을 때

🔘 306쪽 참조

> 오늘은 종일 연수입니다. 필요시 저에게 메시지를 보내주세요.

I'm in all-day training today. Please message me if you need me.

> 지금은 바쁩니다. 시간이 나면 다시 연락드리겠습니다.

I'm busy right now, I'll get back to you when I can.

● get back to ~ 회신 연락을 하다

> 죄송합니다, 지금 전화를 받을 수 없습니다.

Sorry, I can't talk right now.

> 안녕하세요, 전화기 배터리가 다 떨어졌는데 충전기를 찾지 못하고 있습니다.(또는 가져오지 않았습니다.)

Hi, my phone battery ran out and I couldn't find (or didn't bring) my charger.

> 독감에 걸렸다고 어제 말씀드렸는데, 열이 41도까지 올라 누워 있을 예정입니다.

I know I told you yesterday I have the flu, but my fever is 41° and so I'm going back to bed.

088 일이 끝난 후 한잔하자고 권할 때

🔵 307쪽 참조

> 오늘 퇴근 후 한잔하러 가시겠어요?

Do you want to go out for a drink after work today?

> 오늘 밤에 한잔하러 가시겠어요?

Are you free for a drink tonight?

> 언제 커피라도 한잔하러 가시겠어요?

Would you like to grab coffee together sometime?

> 커피라도 마시면서 이야기 나누는 건 어떠신가요?

Why don't we catch up over a cup of coffee?

089 프레젠테이션의 결과를 알고 싶을 때

🔵 308쪽 참조

> 오늘 프레젠테이션은 어땠습니까?

How was your presentation today?

> 오늘 어땠는지 듣고 싶습니다.

I'd love to hear how things went today.

> 오늘 중으로 상황이 어땠는지 알려주시겠어요?

Could you give me a quick status update by EOD?

● EOD = End Of Day, 오늘 내로

090 프레젠테이션이 끝난 후 연락할 때 ◐ 309쪽 참조

> 오늘 프레젠테이션을 아주 잘 끝냈습니다!

My presentation was very well received today!

> 고객들이 우리 프레젠테이션을 아주 좋아하셨습니다!

Clients loved what we presented!

> 협의가 끝나는 대로 최종 수치를 알려드리겠습니다.

I'll get you the final number once we wrap up negotiations.

> 만약 오스카상이 일을 멋지게 해낸 사람들에게 주어진다면, 저는 이 팀을 추천하겠습니다. 팀 전체에 찬사를 보냅니다!

If Oscars were given for a job well done, I'd nominate this team. Kudos to the whole team!

● kudos to ~ ~에 대한 칭찬

091 사내 이벤트를 재공지할 때 ◐ 310쪽 참조

> 내일 모임에 대해 간단히 재공지합니다.

Quick reminder for tomorrow's meetup.

> 전원이 참가해 주신다면 감사하겠습니다. 오후 4시 30분부터이며 장소는 프레젠테이션 룸입니다.

It would be great if you can all join. 4:30 pm in the Presentation room.

> 내일 오후 5시 30분에 열리는 파티를 잊지 마시길 바랍니다.

Don't forget our party tomorrow at 5:30 pm.

> 만약 참석이 어려우시면, 답장을 보내시거나 555-555-5555로 전화주세요.

If you can't make it, reply to this message or call us on 555-555-5555.

사외

● 　　　사외로 보내는 메시지의 경우에는 간단한 내용이더라도 메일과 같은 최소한의 형식을 갖추는 것이 좋습니다. 간단하지만 인사말과 본문 및 후속 조치의 형식을 갖추는 것이 좋습니다.

CHAPTER 4

고객에게 축하 인사를 전할 때

⊙ 상대방에 관한 좋은 소식을 알게 됐을 때, 곧바로 축하 메시지를 보내면 상대방도 기뻐할 것입니다. 메일보다 빨리 보낼 수 있다는 장점을 적절하게 활용해 보시길 바랍니다.

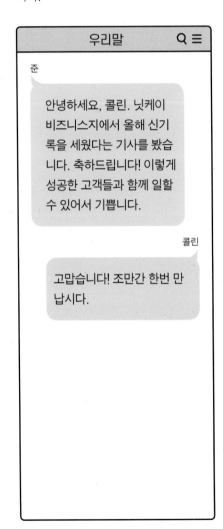

우리말 Q ≡

준

안녕하세요, 콜린. 닛케이 비즈니스지에서 올해 신기록을 세웠다는 기사를 봤습니다. 축하드립니다! 이렇게 성공한 고객들과 함께 일할 수 있어서 기쁩니다.

콜린

고맙습니다! 조만간 한번 만 납시다.

영어 Q ≡

Jun

Hey Colin, I saw in the Nikkei Business that you had a record-breaking year. Congratulations! We're happy to have such successful clients.

Colin

Thank you! Let's catch up soon.

· **record-breaking** 신기록의, 기록을 깨는

이직이나 승진을 축하할 때

◐ 동료나 지인의 승진이나 이직 소식을 접한 뒤 보내는 축하 메시지입니다. 물론 SNS 상으로 축하해 줄 수도 있지만, 메시지를 보내면 둘 사이의 친밀감을 더 높일 수 있습니다.

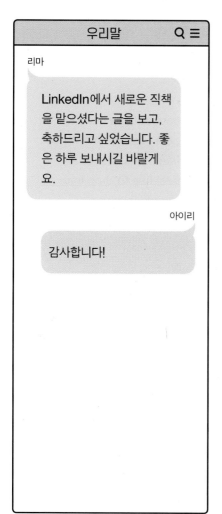

우리말 Q ≡

리마

LinkedIn에서 새로운 직책을 맡으셨다는 글을 보고, 축하드리고 싶었습니다. 좋은 하루 보내시길 바랄게요.

아이리

감사합니다!

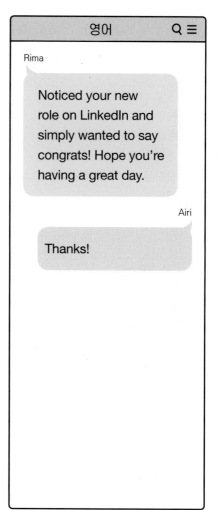

영어 Q ≡

Rima

Noticed your new role on LinkedIn and simply wanted to say congrats! Hope you're having a great day.

Airi

Thanks!

고객에게 유용한 정보를 알려줄 때

◆ 고객에게 유용한 정보를 알려주는 메시지입니다. 메일보다 열람할 확률이 높은 SMS 를 활용하여 메시지를 보낼 때 참고하기 좋은 예시입니다.

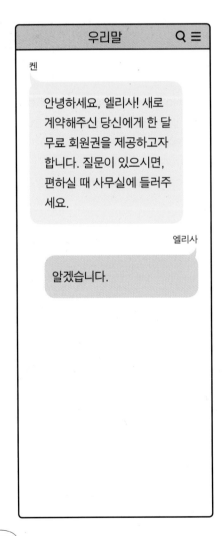

우리말 Q ≡

켄

안녕하세요, 엘리사! 새로 계약해주신 당신에게 한 달 무료 회원권을 제공하고자 합니다. 질문이 있으시면, 편하실 때 사무실에 들러주세요.

엘리사

알겠습니다.

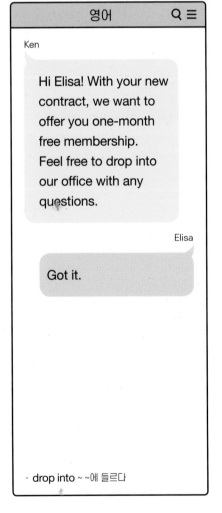

영어 Q ≡

Ken

Hi Elisa! With your new contract, we want to offer you one-month free membership. Feel free to drop into our office with any questions.

Elisa

Got it.

· drop into ~ ~에 들르다

095 회의 후 연락할 때

◐ 회의에서 처음 만난 상대방에게 보내는 메시지입니다. 상대방은 프리랜서를 찾고 있는 상황으로 짐작됩니다. 휴가지인 파리에서 돌아오면 더 많은 이야기를 나누고 싶다는 뜻을 전하고 있네요.

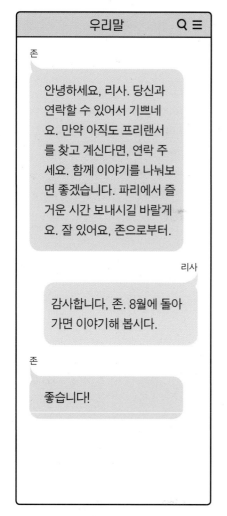

우리말 　Q ☰

존

안녕하세요, 리사. 당신과 연락할 수 있어서 기쁘네요. 만약 아직도 프리랜서를 찾고 계신다면, 연락 주세요. 함께 이야기를 나눠보면 좋겠습니다. 파리에서 즐거운 시간 보내시길 바랄게요. 잘 있어요, 존으로부터.

리사

감사합니다, 존. 8월에 돌아가면 이야기해 봅시다.

존

좋습니다!

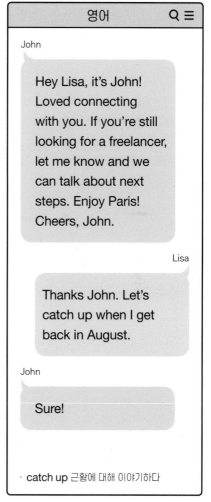

영어 　Q ☰

John

Hey Lisa, it's John! Loved connecting with you. If you're still looking for a freelancer, let me know and we can talk about next steps. Enjoy Paris! Cheers, John.

Lisa

Thanks John. Let's catch up when I get back in August.

John

Sure!

· **catch up** 근황에 대해 이야기하다

만남 후 다음 일정을 정할 때

○ 상대방과의 만남 후 다음 일정을 정하기 위해 메시지를 보내고 있는 상황입니다. 만난 자리에서 다음 일정을 정하지 못했더라도 메시지를 보내 일정을 조정할 수 있습니다. 아래의 예시를 참고하여 적절한 타이밍에 잘 활용해 보시기를 바랍니다.

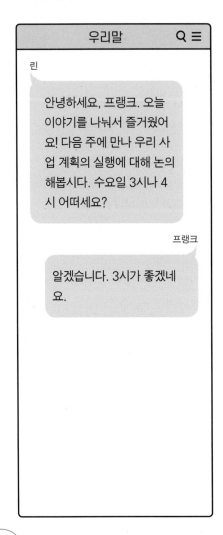

우리말 🔍 ≡

린

안녕하세요, 프랭크. 오늘 이야기를 나눠서 즐거웠어요! 다음 주에 만나 우리 사업 계획의 실행에 대해 논의해봅시다. 수요일 3시나 4시 어떠세요?

프랭크

알겠습니다. 3시가 좋겠네요.

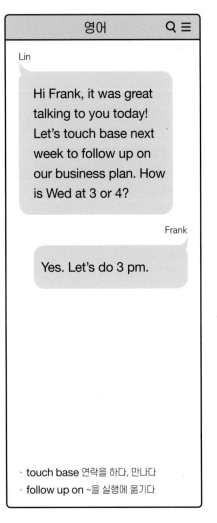

영어 🔍 ≡

Lin

Hi Frank, it was great talking to you today! Let's touch base next week to follow up on our business plan. How is Wed at 3 or 4?

Frank

Yes. Let's do 3 pm.

· **touch base** 연락을 하다, 만나다
· **follow up on** ~을 실행에 옮기다

097 급하게 당일 상담을 요청할 때

⬆️ 급하게 당일 오후에 10분 정도의 짧은 상담을 요청하는 메시지입니다. 아침에 갑자기 일어난 일로 상담이 필요해져서 상대방의 오후 일정을 확인하고 있는 상황입니다.

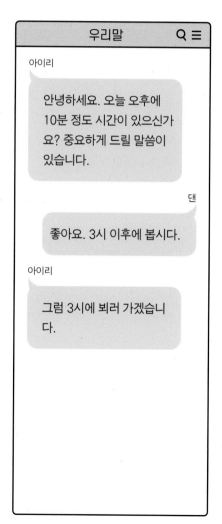

우리말 Q ≡

아이리

안녕하세요. 오늘 오후에 10분 정도 시간이 있으신가요? 중요하게 드릴 말씀이 있습니다.

댄

좋아요. 3시 이후에 봅시다.

아이리

그럼 3시에 뵈러 가겠습니다.

영어 Q ≡

Airi

Good morning. Do you have 10 minutes sometime this afternoon? I have an important update.

Dan

Yes. After 3 pm.

Airi

I'll come see you at 3 then.

· **update** 최신 정보

해당 번호로 메시지를 보내도 되는지 확인할 때

● 외부 사람에게 지금 연락하고 있는 해당 번호로 SMS 메시지를 보내도 되는지 물어보는 상황입니다. 업무용, 개인용 등 전화기를 여러 대 가지고 있는 사람도 많으므로, 회사 외부 사람과 메시지를 주고받을 때는 처음에 이렇게 물어보는 것도 좋은 방법입니다.

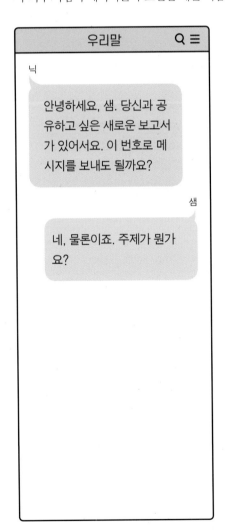

우리말   Q ≡

닉

안녕하세요, 샘. 당신과 공유하고 싶은 새로운 보고서가 있어서요. 이 번호로 메시지를 보내도 될까요?

샘

네, 물론이죠. 주제가 뭔가요?

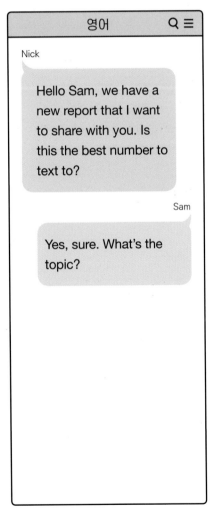

영어   Q ≡

Nick

Hello Sam, we have a new report that I want to share with you. Is this the best number to text to?

Sam

Yes, sure. What's the topic?

099 근황을 물어볼 때

⊙ 한동안 연락이 뜸했던 상대방에게 근황을 묻고 있습니다. 통화할 정도의 용건은 없는 상황에서 가볍게 안부를 묻고 싶을 때, 활용할 수 있는 예시입니다.

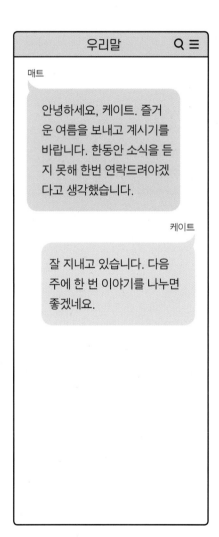

우리말 🔍 ☰

매트

안녕하세요, 케이트. 즐거운 여름을 보내고 계시기를 바랍니다. 한동안 소식을 듣지 못해 한번 연락드려야겠다고 생각했습니다.

케이트

잘 지내고 있습니다. 다음 주에 한 번 이야기를 나누면 좋겠네요.

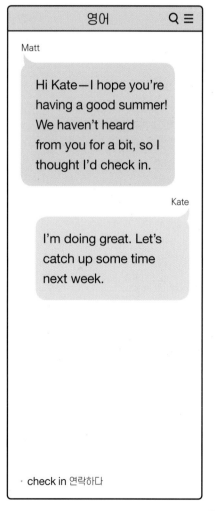

영어 🔍 ☰

Matt

Hi Kate—I hope you're having a good summer! We haven't heard from you for a bit, so I thought I'd check in.

Kate

I'm doing great. Let's catch up some time next week.

· **check in** 연락하다

325

새해 인사를 할 때

⊙ 새해 인사 메시지입니다. 이런 예문은 내용을 적절하게 수정하면 사내 직원·외부 인사 모두에게 활용할 수 있습니다. 새로 시작하는 새해는 평소에 갖고 있던 감사의 마음을 전하기에 좋은 기회입니다.

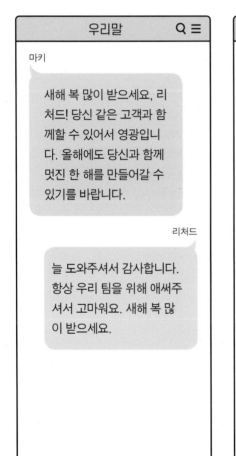

우리말

마키

새해 복 많이 받으세요, 리처드! 당신 같은 고객과 함께할 수 있어서 영광입니다. 올해에도 당신과 함께 멋진 한 해를 만들어갈 수 있기를 바랍니다.

리처드

늘 도와주셔서 감사합니다. 항상 우리 팀을 위해 애써주셔서 고마워요. 새해 복 많이 받으세요.

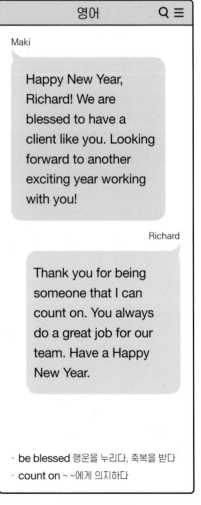

영어

Maki

Happy New Year, Richard! We are blessed to have a client like you. Looking forward to another exciting year working with you!

Richard

Thank you for being someone that I can count on. You always do a great job for our team. Have a Happy New Year.

· be blessed 행운을 누리다, 축복을 받다
· count on ~ ~에게 의지하다

092 **고객에게 축하 인사를 전할 때** ○ 318쪽 참조

> 귀하가 거둔 성과를 축하드립니다.

Warmest congratulations on your achievement.

> 당신의 헌신, 열정, 통찰력은 정말 인상적입니다. 앞으로도 멋진 성과를 만들어내시길 기원하겠습니다.

Your dedication, enthusiasm and insight are really inspiring. I wish you many years of great achievements.

> 훌륭한 실적이네요! 이런 특별한 자리에서 행복을 나눌 수 있어서 기쁩니다.

It's a wonderful achievement! We share your happiness on this special occasion.

> 축하드리고 앞으로의 활약도 기대하겠습니다!

Congratulations and best wishes for your next adventure!

093 **이직이나 승진을 축하할 때** ○ 319쪽 참조

> 성공을 진심으로 축하드립니다.

Congratulations on your well-deserved success!

● well-deserved 충분히 자격이 있는

> 승진을 축하드립니다!

Congratulations on your promotion!

> 당신의 성실함과 헌신은 충분히 이런 성과를 이루어낼 만합니다. 저희도 매우 기쁩니다.

All your hard work and dedication deserve this achievement and we are very happy for you.

> 무엇을 하든 당신은 현명하고 뛰어난 능력을 보여줬습니다. 승진을 축하드립니다.

We knew that you were smart and very brilliant in whatever you do. Congratulations for the promotion.

094 고객에게 유용한 정보를 알려줄 때 ➲ 320쪽 참조

> 생일 축하드립니다, 엘리사! 저의 매장의 모든 상품에 쓸 수 있는 20퍼센트 할인 쿠폰을 드립니다. 즐거운 하루 보내세요!

Happy birthday, Elisa! Here's a 20% coupon for anything in our store. Have a fun day!

> 약속드린 대로 아래 링크를 통해 당사의 새로운 리포트를 무료로 이용하실 수 있습니다.

As promised, you can access our new report for FREE by using the link below.

> 단 몇 번의 클릭으로 구글 분석 자료를 당신의 웹사이트에 쉽게 연결할 수 있습니다.

Now with just a few clicks, you can easily connect Google Analytics to your website.

> 안녕하세요, 엘리사. 저희는 지금 50퍼센트를 할인해 주는 슈퍼세일을 제공하고 있습니다. 재고가 남아있는 동안에 저희 매장이나 www.cmlanguage.com에 들러주세요.

Hi Elisa, we have a super sale on now, 50% off!! Get down to our store or visit us here www.cmlanguage.com whilst stocks last.

095 **회의 후 연락할 때**

○ 321쪽 참조

> 안녕하세요, 리사. 당신이 흥미를 느낄 만한 좋은 제안에 대해 알려 드리고자 연락했습니다.

Hi Lisa, I wanted to let you know a good offer that I think you'd be interested in.

> 그 제안에 관한 정보를 메시지로 보내도 될까요?

Would you like me to text you the info for the offer?

> 안녕하세요, 리사. 계약에 관한 이야기를 계속하고 싶습니다.

Hey Lisa, I'd love to follow up on our conversation about the contract.

> 잠시 전화로 이야기할 수 있을까요?

Are you up for a quick phone call?

096 **만남 후 다음 일정을 정할 때**

○ 322쪽 참조

> 안녕하세요, 프랭크. 오늘 좋은 만남이었어요. 수요일 오후 3시 다음 미팅에서 당신 그리고 팀원분들과 뵙겠습니다.

Hi Frank, awesome meeting today. I'll see you and the team at our next meeting on Wed 3 pm.

> 지난번 이야기를 더 진행하고 싶습니다.

I'm writing to follow up on our last conversation.

> 만약 자리에 계신다면, 당신의 일정에 따라 몇 시든 시간을 맞춰보 겠습니다.

If you're around, I'm flexible to meet for whatever time works in your schedule.

● be around 어느 장소에 있다, 존재하다

> 이야기를 더 진행하기 위해 이번 주 중에 전화드려도 될까요?

Would you be able to hop on a call sometime this week to discuss more?

097 급하게 당일 상담을 요청할 때 ● 323쪽 참조

> 안녕하세요, 댄. 귀사 팀의 옵션에 관해 논의하기 위해 오늘 오후에 전화드려도 될까요?

Hi Dan, could I give you a call later today to discuss options for your team?

> 10분을 넘기지 않을 것입니다.

It shouldn't take more than 10 minutes.

> 오늘 오후에 통화할 수 있으실까요?

Would you be able to take a call this afternoon?

> 시간 내주셔서 감사드립니다.

Thanks for your time.

098 해당 번호로 메시지를 보내도 되는지 확인할 때 ● 324쪽 참조

> 안녕하세요, 메시지를 보내도 될까요?

Hi, I hope you don't mind me messaging you.

> 당신과 연락할 수 있는 번호가 있을까요?

Is there a number I can reach you at?

> 전화와 문자 메시지 중 어느 쪽이 편하신가요?

Do you prefer phone calls or text messages?

099 근황을 물어볼 때

325쪽 참조

> 당사의 제안을 검토할 기회가 있으신지 확인하고 싶습니다. 감사합니다!

Just checking to see if you had a chance to go through our proposal. Thanks!

> 지난번에 보낸 저의 메시지를 못 보셨을 경우에 대비해 연락드립니다.

Just wanted to follow up in case my last message got buried.

> 새 프로젝트는 어떻게 진행되고 있나요? 최근 상황에 대해 간단히 들을 수 있을까요?

I'd love to hear how things are going with the new project. Could you give me a quick update?

> 여전히 작가들 고용에 관심이 있으신가요? 저에게 몇 가지 아이디어가 있습니다. 만약 흥미가 있으시다면, 통화하고 싶습니다.

Are you still interested in hiring creatives? I have some ideas—if you want to hear them, let's schedule a call.

100 새해 인사를 할 때

326쪽 참조

> 귀사와 같은 고객이 있어 매우 기쁘고, 함께 일하는 것을 영광으로 생각합니다. 밝고 기운찬 새해가 되시길 기원합니다.

We are grateful to have clients like you who are a pleasure to deal with, and we wish your company a bright and cheerful New Year.

PART 3 비즈니스 영어 채팅

CHAPTER 2 사외

331

> 곧 새해가 다가오고 있습니다. 저에게 함께 일할 기회를 주셔서 진심으로 감사드립니다. 한 해 동안 번성하시길 바랍니다.

New Year is on the way and I really do thank you for all that business and opportunities you have given to me. Wishing you a prosperous New Year!

● be on the way 곧 다가오다 / prosperous 번성한, 번창한

> 당사와의 파트너십이 귀사의 효율성을 높이고, 우리의 관계를 더 돈독하게 해주리라 기대하고 있습니다. 새해 복 많이 받으세요!

I hope you also find our partnership very effective and look forward to further working relationship. Happy New Year!

> 늘 도움을 주셔서 진심으로 감사드립니다. 행복한 한 해를 보내시길 바랍니다!

We highly appreciate your continued support. May you have a Happy New Year!

승진 축하 메시지

280쪽에서 살펴본 안나 씨의 승진 알림 메일과 같은 메일이 **CEO**의 이름으로 발신된 경우, 글로벌 기업이라면 세계 여러 나라의 동료들에게서 아래와 같은 메시지를 받을 것입니다. 아래에 13개의 실제 사례를 소개해놨으니 참고하세요.

세계 각국에서 일하는 동료들에게서 이런 메시지를 받으면 정말 기쁠 것입니다!

- Congratulations Anna.

- Congratulations Anna, me and my team wish you all the best in your new role! Salute!

- Congratulations Anna!! Well-deserved recognition!!! The Chilean team is very grateful for your always kind and timely support. We are very happy for you. Cheers

- Brilliant!!!! Congratulations Anna!

- Congratulations on your big achievement!!

- Congratulations, Anna! Your contribution and leadership is invaluable and we look forward to continuing to work with you in your new role and capacity.

- Congrats Anna!

- Congrats Anna!!! Wonderful news!! All the best :)

- Amazing news!!! Congrats Anna

- Congrats Anna! Thank you for making us all smarter.

- Congrats Anna!! You are a rockstar! Bravo!

- Congrats Anna, well deserved!

- Fantastic news! Very well deserved!

MEMO

MEMO

MEMO